新公民議會叢書・第二冊

柯文哲為什麼背骨？

胡嚴——著

自序

昔日年少不經事，涉世不深，志大言大，以經國濟世之志，自期許：非經典之書不讀，非天搖地動之史事不研究。

多年下來，終於明白自己的資質平庸，再努力也不過如此。洶洶然不可一世的志氣，終於洩了氣，午夜夢回，實在黯然！史賓諾哲曾說：「了解就是自由。」或許了解自己的狹隘，反而能換取一份小小心智自由，在自己的自由空間徜遊，自得其樂，俯仰之間偶有所得，說是自怨自艾可也，或者說「文人無行」，要文人不開口會要人命的說法，更是貼切！

前面所說的天搖地動的史事，「文化大革命」就是一例。燒殺擄掠，爾虞我詐，政治鬥爭，要求的是一個比一個狠的「豐功偉業」，實在不值後人或者更準確些說是「私淑者」，一瞬目光，或一點思慮。

倒是文革前北京前《北京晚報》的「三家村札記」專欄，三文人共主一反毛專欄，令人懷念。最膾炙人口，就是那篇「太湖論」：明朝某皇帝帶著內侍大臣遊太湖，皇帝見萬頃水波，喟然而嘆：「要是沒有那些水浪，天下百姓，不是便有萬畝良田了嗎？」馬上有臣子脆下：「陛下仁民愛物，以天下百姓爲念，我們倒可在太湖旁，再挖個新太湖，把水引過去，不就有萬畝良田了嗎？」

往事已矣，小小專欄卻令人回味無窮，多年難以釋懷，爾曹身與名俱滅，不廢江河萬古流，誰說文人無用論？時至今日，除了自由臺灣外，有人敢寫如此「太湖論」！

當初和多年前「大學新聞」的良師益友們，沉寂久矣，往事不堪回首——草創「新公民議會」，作者自作聰明，以不同筆名，希望有不同議題、領域，用不同寫法，不同筆觸，成眾家之言，作者只是先行代言，虛位以待新世代寫手出現。可惜事與願違，只煮出一鍋糊塗粥，越煮越大鍋，伊于胡底？只能自行清理。

叢集只能代表一人之私言，期待後繼洪流，能接續出現，後浪推前浪，不廢江河萬古流，是爲記！

目錄

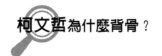

1.自由意志決定論與歷史

有些動物的中樞神經系統，在牠們出生後三個月就已完全定型，不會再有發展。有個動物學家把一隻剛出生的鶴完全和外界隔離，只和他一起生活三個月。從此，牠就認牠和人類是同類。相對於這些動物的人類似乎是高明多了，但到底高明多少？很值得我們深究。

亞里斯多德認爲人是政治的動物，我們就以政治意識和信仰作爲標竿，來探討人類到底有多高明？

政治思想家歐威爾（George Orwell）曾寫過：「人的政治信仰是當我們於襁褓時，被母親帶入教堂（以西方人爲例）的那一刻就決定了。」歐威爾對於人的政治原性相當悲觀，不會比三個月的動物高明多少，很早年歲就被決定了。

早被決定是不是事實？這是很重要的課題，西方傳統有決定論和自由意志之爭，前面歐威爾之言，算是決定論之一種。這個課題爲什麼重要呢？因爲孩子上了教堂而被決定後，孩子長大成人，是不是需負因政治意識所引發行爲的道德責任？

這裡我們不作有關自由意志和決定論的哲學討論，這些討論會牽扯上本體論或知識論。我們甚至可以激進地認爲哲學的問題僅是語言的問題，只要作語言的分析即可，如同計算機的編譯法（Compiler）。自然語言再深也深不過數學的「數論」。

我們可從純淨的哲學轉移到庸俗的社會政治面，我們就以老套馬克思主義當做決定論的範例來討論。馬克思的歷史決定論認爲經濟物質的條件可以決定歷史，因此歷史發展是可以預測的。

但是物質經濟的條件是會因生產工具的突破、創新而改變，而工具的創新是基於知識的創新，知識的創新是不可能預測的，因此歷史是不可能預測的。沒有所謂歷史決定論。

七十年代的半導體製作技術發展所提供給積體電路的平臺，造就今日網際網路的新世界，七十年代前，誰能預測到這個？新世界還在演化中，誰能預測更新的新世界是何種面貌？簡單的半導體技術就會有這樣衝擊，何況更複雜的有關生命的分子生物學？

我們可以再舉另一個歷史事實，這是和哲學的自由意志有關，依李約瑟（J.Needham）《中國科技史研究》，他認爲古代中國本土道家的傳統中有相當的科學精神和成就，但後來這些本土科學精神爲什麼一蹶不振？是因爲佛教引入和佛教信仰，佛教教義中的「無」對相信自然界的有（道）傷害很大。

如果沒有魏晉清談之風，佛教應該沒有成長的沃土，可以從一文化的時尚，成長到有關人生意義的顯學。連強調「不知生，焉知死」的教派也要玄理一番，發展出心性之學與之競爭。

中土對第一次外來（天竺）文化的挑戰乃無力抗拒，臣服與之同化。顯見本土個體的精神（自由意志）之孱弱，這是不是大帝國形成太早，定於一尊，個體獨立性（自由意志）飽受摧殘？有帝國就會有國教，有國教就會有大傳統，個體只能在其中尋找卑微的地位。更甚者，大帝國需要有大水利，要大量徵調動員民工，帝國對百姓的戶口調查、控制，無所不用其極，百姓眞是難逃天地之間。

大帝國、大傳統演化出來是一治一亂的歷史循環論，一治就人口大量增加，但土地農業技術所能養育的人口有其限度，加上難免有天災，天下就大亂，人口大量喪失。因而土地取得容易，是另一波天下大治的開始。這種帝國結構是很難應付第二次來自海洋外來文化的挑戰，李鴻章當年曾說，這是三千年來未有之變局。

當年的變局經歷百年犧牲（有如歐陸的百年戰爭）是眞的獲得解決嗎？或是解決在望？當年的大帝國變成今日的大黨國。馬克思主義是西方高度知識化的體系，歷史經驗雖證明其謬誤，不能用，但至少學會社會經濟的分析技術，這些分析技術加上黨國資本主義，再加上政治上的民族主義，就是中國式的社會主義嗎？就是今日的大傳統嗎？

有位偉大的革命領袖曾說過：「政治乃眾人之事。」眾人之良窳不是就決定政治之良窳？西諺說：「哪種政府決定哪種人民。」也可以說哪種人民決定哪種政府。我們常說自由民主是普世價值，事實是，自由民主是一種技術，是發展國民自由意志成就國民人格的技術。袁世凱稱帝時，蔡松坡將軍於雲南起義，反對的理由是爲國民爭人格。

是的，爲國民爭人格。中華民國的公民大概都忘了這位中華民國北洋政府的偉大軍人，他知道有人格的國民，才會有人格的國家，聽上辦事，無獨立意志的奴才，創造不了一個偉大的國度。

2. 論「科學主義」

所謂「科學主義」就是相信除了科學外，別無其他知識。

但是這個陳述本身，也不屬於科學，邏輯上而言，當然也不是知識。相信知識只來自科學，可以稱之爲「科學主義」或「歸納主義」，其極端形式認爲所有知識都可歸納到理論物理的最基本原理。而且，我們觀察到的宇宙是唯一的宇宙，我們認知的物理定律，也是唯一的定律。有些理論物理學家倒是頗有自省的：所謂唯一的宇宙和唯一的定律系統，可能只是物理學家的「信仰」。

爲什麼不能有其他的宇宙？和其他的物理定律系統？因爲人的知覺和思索受制於人的存在，人的存在已爲我們所處的「宇宙」和其物理定律所限制和內化。人能夠存在，能從無機的單個原、分子到複雜、龐大的有機分子的組合，更而演化成高智慧的生物體，靠的是來自太陽百萬年源源不絕的能量。

太陽的能量來自氫融合以及「碳循環」。假若這個物理反應程序的速率太快或太慢，無機的單原子、分子很難演化成生物體：太快，太陽自我燃燒的速度太快，地球上的原、分子單體就沒有百萬年足夠的時間演化；太慢，則傳輸到地球的能量太弱，不足以提供給地球上單體原、分子「活化的能量」，進行物理化學反應，演化成生物體；當然也不會有高智慧的生物出現，思索「宇宙」，發現「物理定律」，推論出有多重宇宙，和不同的物理定律系統。

這個「因人的」、「因人存在的」觀點（anthropic），人是受制於允許他能出現的物理環境，可以解釋爲什麼除了我們的宇宙外，不能排除可能會有其他宇宙和其他物理定律系統的存在。那麼人爲什麼不能經驗地偵測到其他宇宙的存在？理由是其他宇宙（假如存在）的物理定律和我們專屬的物理定律有所不同，因此我們的偵測工具和其他宇宙的物理係數無法交換，也就是它們不是互爲「交換子」（communicator），因此彼此不能交通，不是互爲「可觀測的」（observable）的物理現象。

基本上物理理論可依其群組（group）的類別和屬性而展開，而其基本就是「對稱性」（symmetry）。例如說：「阿貝爾群」和「非阿貝爾群」（Abel and non-Abel group）就是一例，不同群組的不同對稱會有不同的「守恆定律」，不同的代數演算；甚至透過不同的「對稱性破裂」（symmetry breaking）而產生不同的「基本粒子」。

理論物理學家努力的就是在找尋更高的「超對稱性」（supersymmetry），所有在我們的宇宙中所發現的不同對稱群，只是「超對稱群」的「次群」（sub-group）而已。在我們世界所發現眾多的、紛雜的、費解的「基本粒子」（elementary particle）可以得到完美的解釋。所以，所有的基本粒子或許只是超對稱群下的「超粒子」的共振態而已。在我們宇宙所發現的基本粒子類別的差異性也不是那麼大，例如說，「費米子」（Fermion）和「波散子」（Bostonian），只是同一「超級粒子」的不同共振態而已。我們的宇宙應是十度或十一度。

或許我們可能發展出的理論物理工具，不只可以統一解釋我們的宇宙，由於它具有更大的解釋能力，更可進而偵測和推論其他平行宇宙的存在。事實上，新的理論工具「超弦論」（Superstring theory）就可推論出其他多重平行宇宙的存在和它們的各自能量。

以上只是就理論物理論述而已。事實上，人的思想論述、他處身的外在環境，大至宇宙論，也不僅只限於理論物理及其相關的知識；例如說，「演算法」（Algorithms），它不是理論物理，而且是獨立於物理定律之外，只有當它落實到運算平臺，使用科學的 instruments 作實際的運算，才和物理有關。人類演化軌跡，和「演算法」的關係多於和熱力學和統計力學的關係。它是人擁有非物理世界的理性。人的演化，出於「演算法」的理由，多於化學物理的原因。

也就是人的行爲，受想行識，基於觀念論的，遠多於實證哲學。歷史上的「浪漫主義」（Romanticism），和其引發的狂飆的政治、文化、藝術運動就是一例。海森柏這位偉大的理論物理學家，政治上卻傾近於法西斯主義，可以證明人的思想、行爲的複雜和矛盾性。這些複雜和矛盾的人性，會對人和他的社會造成衝擊和影響，卻不屬於物理世界和其定律。

用科學主義來印證任何實證哲學所謂的「定律」，其結果僅是忽略人的行爲的複雜性。進一步的說：人的意識會隨著人類對外在世界的了解而進展，知識不是一成不變的，包括物理學。變動的知識，一定影響人類的行爲和社會，一成不變的主義是經不起考驗的。

因此，對於人的思想和行爲，除了基於物理的實證哲學外，我們需要有另一

「實用哲學」的規範。也就是說：「實用哲學」的「眞理値」，不在於它和物理世界的相關和相依性有多高，而在於對人和人的社會的影響和衝擊的程度和形樣有多少，是如何？

這也就是爲什麼「自由民主」對人類如此重要：自由民主可保障因科學進展，影響人類行爲和社會建構諸等的改變，而跟著改變，而不會令科學「主義化」。馬克斯主義對人類經濟社會和歷史的分析是前所未有的；但主義化、意識形態化，變成封閉的「知識」體系，用教條來制約人的思想，控制社會改變的動力，已不再是知識系統，當然，也不是科學。它不再是跟著社會文化經驗的進步和創新，與時俱進，跟著進化。

三十年代因「革命性」的物理理論如特殊相對論及量子力學，而有許多科學哲學的形上解釋跟著產生。到了七十年代這些物理知識已成了「常識」，而新的物理知識，形塑另種形上哲學。沒有一成不變的科學，人可依循而成爲唯一的形上解釋，而成亙古不變的哲學主義；不幸的，結果卻是形成爲一個封閉的主義系統。

所以有科學，但並沒有所謂的「科學主義」。科學的定律，即使它們取法乎上，擴大成爲一套形上哲學，解釋和規範人的思想和行爲，以及任何社會建構，不僅不會成功，而且人的這些作爲都必須經由「實用主義」的規範。實用主義規範原則的建立，「自由民主」的程序是必要的條件：以「人」爲主，人與物理自然和任何人造哲學之間，人有選擇的權力。

3. 給新世代的建議：兩者選一，臺灣左派或是臺灣右派

臺灣的新世代，不要茫然，不必遲疑，2022 和 2024 年選舉，票投「臺灣左派」或是「臺灣右派」。

當然當你投票時，不會有名叫「臺灣左派」和「臺灣右派」名稱的政黨，但當你票投下去，實質是「臺灣左派」和「臺灣右派」的政黨，會逐漸出現。

首先，在 2022 年和 2024 年票投各黨各派和候選人時，第一步的考慮的是：他們是不是「臺灣」？第一步，首先要拋棄屬性不是臺灣的，舉例來說，「中國國民黨」是中國不是臺灣，就首先排除投給他們「政黨票」；同樣，「民眾黨」不中不臺，思想混亂，搞不清楚誰是「警察」，誰是「搶匪」，該被拋棄；或是言偽而辯，居心叵測者，也應該在「政黨票」上摒棄他們。

各別的候選人，為了怕有遺珠之憾，或是冤枉好人，要好好「匡列」，細心「定性」：他是不是屬性臺灣，還是搖著臺灣名號，反臺灣？他是表面愛臺灣，實質更愛中國者？或是把「威脅者」視為「施惠者」，瞽目而行，一路走來，是非不明，莫此為甚！

新世代是要這樣嚴肅而科學的檢審，是因為你們春秋正盛，來日方長，不要不經心，就輕易被人騙走了你的年輕生命，從此一生只會是「秦俑」、藍色工蟻的命運，絕不會是「螞蟻金服」！

想想 1997 年的年輕香港人和 2021 年香港新世代，短短二十餘年，命運會有那麼大的轉折，天地間的差異。難道你們的生命只要短短的二十餘年，就活夠了，無所遺憾？要生存，你們被迫要學會人家說擁護誰就擁護誰，中流主義，不要超前和掉隊，「姓黨的」才不會生氣，你們才不會被人間蒸發！去它的「我思故我在」，什麼有思想的自由，才會有人格的開放——人格能當飯吃，這都是西方騙人的玩意兒！明鏡本無物，何事惹塵埃？姓黨的聖明，照著黨說和照著黨做，就對！

臺灣新世代人多勢眾，來日方長，外部形勢會越來越好，可以不必學習看人臉色，受人洗腦，指鹿為馬，任人霸凌；可以把自己的命運放在自己手中，用選票舉手之勞，就可以改變自我和同世代人的命運，爲來世開太平！從此臺灣只有臺灣的政黨，國家認同一致，只有左傾、右傾之分。歷史有過多少霸凌別人的大帝國，如今安在？

假如新生代有如此覺悟，眼前的中國國民黨和民眾黨就很難生存，會被掃入歷史垃圾堆中。2022 年和 2024 年大選釋放出來，多數會是左傾或右傾的「自由民主人士」。臺灣的政治生態會再重組，只有「臺灣左派」和「臺灣右派」政黨之分，讓臺灣再度偉大，就像其他政治文明先進國家一樣，會是個公民社會，左右共治，你我選擇的國家會知道如何照顧你我。

4. 新自由主義的困境

當英國公投退出歐盟時，多數人不相信這是英國人理性的選擇，而是一時的恍神，故有人發動「覆議」之簽署，沒有太多人相信暴風雨快來的前奏。

美國大選時，川普幾乎患了所有公認的「社會禁忌」，飽受自由派媒體（在美國應算是主力多數）和學術、政治精英圍剿，卻仍然勝出。這怎麼可能？一定是邪惡普丁的俄國特務所發動的網路假新聞奏效，絕對不是正常美國人民的理性選擇。

想想，一群只會讀《聖經》，喜歡野外生活，扛著長槍打野鹿，被認爲是白癡（moron）的南方白人，怎麼有能耐越過俄亥俄河谷，一路「打」到五大湖畔，連內戰時，知兵善戰的李將軍都沒有這種本事！白癡加上中西部白人農夫、還有東部藍領的白人，連威斯康新州左派激進的教授和學生，都靠不住了，居然聯合起來，造我們「精英統治集團」的反，給全世界惹這麼大的麻煩！

這就是東北角精英階級的思考，就叫它爲「新自由主義」（neo-liberalism）的意識形態。精英們可能會有如下對自己的論述：我們長春籐聯盟教育最好，知識最豐富，有世界觀，不是嗎？我們的相互通婚種族混合論、性別自由選擇而平等，最好而且最容忍，可不是主張近親繁殖？我們相信全球化、自由貿易，不論已開發或正在開發的國家，各盡所能，相輔相成，各取所需，理想世界新秩序，有錢不是鼓勵大家一起賺？我們相信「大政府」能透過中央官僚體系，重新分配財富，所以不用怕大企業、大銀行、大財團的「托拉斯」，大有爲的政府，弱勢哪有被忽視的可能？那麼，我們放諸四海而皆準的想法，既愛善、又眞美，怎麼會所遇匪人，遭人拋棄？

顯然精英們因高傲、自戀，思考上就有了盲點。就以全球化自由貿易而論，精英集團的敵人會這樣論述：自由貿易對各國都一樣有利嗎？就以經濟現實例子來說明：二十多年來，中國以人口紅利，吸收大部分外來直接投資，躍爲世界工廠，賺盡世界的錢，但是卻以中國仍然是未開發國家爲由，管制人民幣升值，繼續以低廉勞工「吮吸」資金，不讓經濟完成一循環，到達平衡。企業爲了競爭只得外移，美國國內藍領工人受到傷害，喪失大量工作機會。獲利的中國，卻以新獲得的經濟實力，轉換成軍事武力現代化，說這個、那個是他們的「核心利益」，霾害污染大氣，還有人權，雖然那是他們家的事！

至於有錢大家一起賺，到底中下階級賺到什麼錢？還不是大企業、大銀行、大財團和跟他們沆瀣一氣的精英集團，出賣整體美國利益？那位「強權共利共生」理論的季大博士，不是擁有公關公司，中國商務專門？而且宣稱如此這般，可以保障世界和平，那我們的子弟為什麼海外要流血喪命？

疲憊的、受壓迫的、逃難的，美國歡迎你，看來美國力有不逮，心胸也不是那麼廣闊。幾十年來，美國的種族問題也夠頭痛！很多人倒想看看梅克爾總理接納百萬難民，看她有什麼通天的本事？一部橫衝直撞的卡車，就可令她焦頭爛額！怎麼納粹時代的流行語，又再度復興？即將到來的意大利、法國大選，許多人幸災樂禍地等著看好戲。歐盟的理想行不通，全世界都不通，什麼全球主義！

新自由主義者像是涉世不深、自傲的富裕世家子弟，相信人性可向上無限開展，就像他們自己（讀讀佛洛伊德的精神分析，看他怎麼說）；民族性可無限包容（想想往昔建都在維也納的哈潑士王朝，一個歐洲有史以來最多元，有最開明的君王，文化成就最高，最多種族共組王國的悲劇下場）。

當我們說美國新的文化、政治運動是「右派的」，常會失真！或許用「保守主義」會比較準確。保守主義相信：人性的發展有其限度，社會的弊病永遠存在，不管你如何努力；經濟發展的空間、能量有其局限，因此全球化大經濟的格局是不可能的。假如一位中國人平均收入有如臺灣人（不要說美國人），到哪裡尋資源？找市場？GDP 可以持續多少年維持在 6？保守主義和種族主義是有差異的，種族主義相信某個種族有無限發展的可能。保守和進步力量的分別就在於對「有限」和「無限」的認知有所不同。顯然新自由主義者是相信「無限」的理論。不幸地，近幾十年來，美國人的經驗認識並不是如此，新自由主義會陷入困境，是可以理解的。

5.有奶便是娘，你吃驚了嗎？

假如你月入三萬，在另外一個國度，不管什麼理由，人家主動要給你五萬，你會不會心動？

當然心動！尤其當你翹著腳跟向前看，三萬的，眼前這幾年最好也只是三萬餘，良禽擇木而棲，這可不是「不食周黍」，餓死人的時代。誰的奶水足，誰就是媽媽，有什麼好吃驚、好奇怪的？媽媽的名字叫……，沒有奶水怎能叫作媽媽，連奶媽都不如！

徐某如此斷定，可不是犬儒、憤世嫉俗，而是有「生活經驗」基礎，從實踐中得來對人性的認識。徐某多年前覓食另個國度，受盡苦楚。當年世界上有某個大國，發生過天翻地覆的大事，人稱「六四」。我們居住的小城裡的同鄉們也跟著熱血滔天，捐錢的捐錢，更有甚多應景的「革命家」們，站臺演說，掏心扯肺，如喪考妣，動天地而泣鬼神。

多年後回想，照道理，這只是強國內部的動亂，可以基於「人道」立場，予以聲援。當時你若如此「理性」，一定被指爲「冷血」，基於「民族大義」，怎能連犬狗都不如？「中國一定強！一定強！」——如果時光回溯，今日臺灣年輕後進們若在場，一定很吃驚：國民黨的黨國教育，竟會如此成功！

殺了數千名學生和群眾後，中國眞地強了起來！而徐某所目睹的「革命家」們，從此改變立場：「殺得好！不殺這些暴亂分子，怎麼對得起國家！」天安門閱兵時，向輾過學生血肉的坦克致敬！成者爲王，敗者爲寇，手無寸鐵的學生，連寇都不如！「三十年安定，就會有二百年基業」毛爺爺是如此說的。看來歷史的進程，果然如此。識時務爲俊傑，何況又有奶水可以吮吸！

老朋友告訴我說，他有位朋友在上海經商多年。伊曾問其朋友：「離鄉多年，會不會想家？」朋友回答：「怎麼會呢？只有當我生病時，才想到故鄉的健保！」人不爲己，天誅地滅：喝乳去了，有什麼不對？回鄉治病又有什麼不對？循規蹈矩，這不算是堂堂正正的中國人，什麼才是堂堂正正？相較於反覆、背叛六四精神、見風轉舵的「革命家」們，至少他們沒有欺騙人！

西諺：「打不過人家，就只好乖順地跟隨人家。」但是人類歷史的進展，有所謂的「文明」和「普世價值」，可不是只想吸人奶水，乖順的人們要有所堅持和貢獻的。人各有志，東海有逐臭之夫，臺灣還有很多人有不同的想法。想吸奶的，就該鼓勵他們好好地去吸，因爲好日子不會太久。當你把「臺胞證」吸成「公民證」，和你競爭吸奶的就是十三億人口，這可不是可以輕忽的小事。問問三十萬人口的冰島人：要是他們願意成爲強國的一部分，就會有十三億人爲冰島的足球隊呼喊叫嘆，驚天動地，「起來！起來！不願當奴隸的人們！」或是「中國一定強，一——定——強！」……問問冰島人，他們願不願意？

6. 愛吃德國豬腳的市長

經國先生愛民親民的傳奇，看來後續有人。柯市長趁著紀念先生逝世三十年活動之熱賣，不讓國民黨專美於前，趕緊前往南門市場，提前和市場商販、市民們圍爐，市長藉此和新認識的「民間友人」話家常。

經國先生愛吃牛肉麵，市長不便說他也嗜愛此味，在媒體多方勸說和壓力之下，市長才赧顏地承認，他愛吃德國豬腳。南門市場的商人們不愧名聞全國，未卜先知，已經事前準備好了金黃亮麗的豬腳，讓市長大快朵頤！

市長愛民親民的舉動，實在令小老百姓感動。人家那麼溫柔體貼，不時傻笑的模樣，顯露出的善良本質，怎麼會是那位恐嚇簡前局長，要「掐其脖子」，令簡美人過度驚嚇，而「棄職潛逃」的冷血硬漢？

種種跡象看來，柯市長和其師爺們，已決定必須壓抑他的「延安意識」，爲選票計，不再學習毛爺爺的無所畏懼，舉起手來，爭天鬥地。誰說「溫良恭儉讓」之學已經被拋棄？可預見地，新傳人剛冒出頭來，又具「梨園弟子」的演戲天分，一定會令國人刮目相看，打從心裡喜歡！

對此，最擔心的莫過於國民黨了！不但「固有智能」被人偷學去了，而且侵門踏戶，踢館來了！幾天前，柯市長參加藍營專屬的《破局》新書發表會，發表重要講話，闡述他對經國先生的景仰。他說：

「有人推崇蔣親民愛民、建設臺灣的魄力，是臺灣民主的舵手。也有人質疑他是獨裁統治，在國內外壓力下，被迫開放民主。即使是獨裁統治，在去世這麼多年後，仍受不少人懷念，是對臺灣歷史認識不足，或當前執政出了問題，值得反省。」

小國民們相信需要「反省」之列，一定不包括柯市長。以他「墨綠」出身，一定充分認識臺灣歷史。小國民們納悶的，倒是如此認識臺灣歷史的政客，會說出兩岸關係是「夫妻床頭吵，床尾和」，不時還問人：「你到過延安嗎？去過幾次？」

又說「當前執政出了問題，值得反省」，柯市長所說的出了問題的「當前執政」，是指執政不到兩年的蔡英文政府，還是執政三年的柯文哲市府，還是執政八年的前馬英九政府？「執政不力」是指力推「年金改革」、「黨產條例」、「公投法修正」、「農田水利法」，以及即將到來的「稅改法」、「公司法」、「礦業法」、「都更條例」、「再生能源條例」、「長照法人法」、「政黨法」，不畏懼爲改革而會得罪各方的蔡英文政府？還是已蓋棺論定、馬英九政府長達八年的「六三三」執政？還是快要論定、三年來柯文哲市府「掃除五大弊案」的執政？

小國民們相信市府的師爺們，一定會很快摀住市長快人快語、口吃四方的嘴巴。什麼都可談，從「德國豬腳」到「棄職潛逃」，千萬不要談「執政不力」！到時飛靶轉個方向來襲，可不像白海豚轉彎那麼好處理！

繼續溫良恭儉讓，再令馬先生跳腳生氣；科諢說笑又打趣，讓人人喜歡你；要細心思考，不要到處參加新書發表會，以「破」人家的「局」爲樂，顧盼而自雄，自以爲得計。經常愛出匣的寶物，未必是人間難得的極品！多結交，不時找些民間友人閒話家常，誰說臺灣不會再有個「蔣青天」？

市長這款撩下去，國民黨和民進黨可眞有大麻煩！柯市長已經發現臺灣選民一日三餐，都吃這一套。什麼就事論事，執政看成績？只要能演戲，不論韓流或本土，一齣接一齣，搔搔頭，一股腦兒地傻笑，就能讓他們開心，年輕小伙子按讚，這才是市長的政績，連任的保證。柯市長，您說小國民們的一番論述，是不是也說到你的心坎裡？

7. 誰是白癡？

臺北市的柯大官人說，退回臺大校長管爺任命案的決策人士是白癡！那麼誰才不是白癡？反對管爺任命案的許多人，敢書文公開立場者，據筆者所知，不少是臺大醫科的畢業生。顯然，柯大官人白癡的攻擊面甚大，臺大醫科畢業生也難倖免。請注意！臺大醫科畢業生也有可能是白癡！

這可是臺灣天大的新聞，白癡的臺大醫科畢業生！那麼不為白癡，顯然要有另外條件。是不是要像柯大官人，IQ 要 157 或以上，才不算白癡？

這下麻煩可大了！柯大官人您知道嗎？您的網軍，或者如您所說的「網路義勇軍」，絕大多數，我們相信，既不是臺大醫科畢業生，也沒有 IQ157——照您的標準，豈不也是白癡？

看來臺大醫科校友會，很快就會有內戰。內分兩派，一派「157 以上派」，另一「157 以下派」。開校友會前，可能要成立「遴選委員會」，先來個 IQ 測驗，分門別類，誰該屬於「以上」，誰該屬於「以下」。

不幸劃歸於「以下」的諸君們，請不要抗議「IQ 歧視」，因爲這屬於「大學自治」，受憲法保護！

王某今天最重要的一件事，趕快打電話給我臺大醫科畢業的朋友們，到底他們是「以上派」還是「以下派」？順便問問看，他們的學長、學弟間，會有人是白癡，而不自知？

8. 柯醫師的「甜點」

請注意文章的標題是指「柯醫師」而不是「柯市長」，因為當時他的身分、職務不同，別人家提供的「甜點」款待，也不同；當事人享不享用的考量，進退迴旋的空間，也不會相同。民間不夠大咖的、無公職在身、不夠上新聞版面頭條的，當然可以自我思考：大節不逾矩，小節出入可也。吃吃甜點，偶而為之，人情世故上是可以瞭解的。

大陸的「甜點」是指「花名冊」，美女任君挑選，在臺灣民間流傳已久。國共兩黨是自家兄弟，國民黨政治人物，落魄江湖載酒行，十年一覺揚州夢，美女伴睡，安慰半生的辛勞，即使被拍，政治後座力不大，當然無所顧忌。即如民進黨政治人物，不識好歹，好食「甜點」，而被拍照，瀕臨「身敗名裂」的，據說也有好幾起。這證實了民進黨某大老當年的名言：「上酒家，不會起心動念，坐懷不亂者，不是男人！」當臺灣的政客眞是難乎其難耶！難道D罩杯的美媚，隨侍在旁，只能談「宇宙大爆炸」！

所以當時的「柯醫師」如果誤入花叢，被人設陷，吃了「甜點」，應該高興，因爲已有大陸高人算出君非「池中之物」！如果要怪，只能怪自己不會自我測試，會從「柯醫師」、「柯市長」、到「柯總統」，可能有皇帝的命：這點倒可向「深謀遠慮」的國民黨吳主席討教。

大咖有大咖的作法，最壞也不過是援用馬前總統的「大水庫」理論，小瑕掩蓋不了大瑜，一滴污水，怎能把整座水庫的水放掉？不要像國、民兩黨小咖的政治人物，摩鐵開房間，被人識破，照了相，就一臉無辜把自己的配偶推出來，要求其拋棄女性的尊嚴，說些原諒、瞭解的話。柯市長夫人說得對：「政治是很可怕的。」市長把夫人推出來，風險甚高，要是有人物出面舉證，柯市長您要怎麼收拾柯醫師當年的「妄舉」？

雖然，爆料市長「甜點」的名嘴，不在「男人說溜了嘴」的宴會現場，但可能爆料給「爆料名嘴」的人士確實在場，人家也證實：市長說了令市長夫人很不痛快的話，夫妻爲此事起了爭執。

小市民關心的「命題」：「夫妻爭執的是不是有關甜點？」市長回答的：「抹黃的很 low，智商很低，是白癡。」這和市民關心的「命題」邏輯上有何相干？難道又是市長慣用的「答非所問」，顧左右而言它的話術？

9. 柯紅爲什麼會「背骨」？

在柯爺剛選上臺北市長，意氣風發，萬方矚目和期待時，有位媒體達人就對韓某說：「他希望他的直覺是錯誤的，不然臺灣人民又要被這位政治新明星騙了！」韓某問他除了直覺外，他有什麼經驗上的理由？達人說：「柯爺喜歡私下自誇他去過延安多次，也喜歡問別人去過幾次？這就是很怪異而令人難以心安的對話。」達人又說有次藉著與柯市長聚會的機會，特意詢問柯爺：「臺北知識界傳聞他對中國共產黨黨史下過功夫，著力甚深，有機會是否可向其請益？」柯爺倒是頗客氣地說：「沒有啦！只是對『四大戰役』特別感興趣！」

柯爺所說的「四大戰役」當然是指民國三十七年上下，共軍摧毀國軍，把國民黨趕到臺灣等諸戰役。最著名的當然是殲滅國民黨最嫡系、黃埔的黃百韜、邱清泉、李彌等五、六十萬部隊的淮海戰役（徐蚌會戰）。是不是柯爺只是「好讀兵書」吸取珍貴但慘痛的教訓？還是其人另有立場，仰慕前賢的豐功偉業，不自覺地流露？

這二年來慢慢地許多小國民們開始不再相信柯爺是白目、直腸子，但覺得此爺頗功於心計。例如他的雙塔鐵馬萬里行，現在有許多人會想到：他是不是學毛爺爺當年游泳橫渡長江之盛舉，製造有關自己的神話？

有個專攻人格特質、精神分析的朋友是這樣說，他以爲柯爺眞的有亞斯伯格症。其症的特徵是：取法乎上，寧貴毋賤，寧可「怪」毋寧「庸」，甚而堅持之，何況柯爺 IQ 高於 157，自信非常人所及。以柯爺成長的環境而論，他的政治「取法」顯然不會是敗逃的國民黨或是《臺灣人四百年史》所能提供的，必須另有所宗。在他具 157 IQ 亞斯伯格症的驅使下，他本體性的選擇（Ontological Adoption）必須是夠偉大、夠激烈，能滿足他浪漫的情懷和想像，伊怎麼能像常態的臺灣人在多方牽扯的條件下順其命而作個「小市民」？其實，他底層的心志和當年從小金門游水投共的臺籍連長，後貴爲世界銀行首席經濟學家和重要「樣板」，沒有什麼兩樣。祖國偉大我才會跟著偉大：他首先要找尋的是「偉大」！

這性格也不能完全怪柯爺。自我肯定和成長，開始總要依附某種學說、文化、歷史、宗教。韓某有一位念中國文學的朋友，他的「統」淵源流長，其來有自：他很看不起「一中各表」、「一中同表」的空洞和「俗」。他有個怪論：「我是文化上的統，政治上我爲什麼不能投民進黨？假如政治上的獨，有助於文化上的解放和復興！」這還算是高明和頭腦清楚的「讀書人」，見解深遠。記得以前臺灣有位「怪咖」的政治哲學家，不顧重病孤弱的妻兒，在塞北、蒙古高原上徘徊游走，找尋他哲學的「根」。許多人驚駭莫名，事後想想只不過顯示他個人的形上精神在打結，實在沒有什麼好怪異的！

寫《臺灣人四百年史》高齡九十多的史明先生也寫了《西洋哲學序說》和《民主主義》。《民主主義》這本書比較於他的其他鉅著，算是小冊子，但非常重要。韓某的私見：看臺灣人的歷史要從歐洲啓蒙運動以來，西方主流文化對個體的尊重和解放，來開始。「勤讀《聖經》，個體就能和上帝溝通」，哪需要中央集權的教會、神學理論家、教會歷史、祭司？這是西方主流文化「民主主義」的精要。看臺灣人歷史就是要從小小個體，如何在「民主主義」扶育下，慢慢茁壯成「公民社會」的觀點來看！完整而堅實的個體生命，不需要任何形式的「偉大」來襯托，不管是大日本帝國或是大中華帝國！有此信念，臺灣歷史才走得下去！

柯爺所選擇的本體對臺灣人來言是個不幸。更不幸的是，柯爺以他天生的才智，行其政治詐術。首先以「白流」領袖自居，然後以綠的發黑的「墨綠」，蠱惑綠營自廢武功。等到取得高位，形上的「病毒」以各種變種開始出現。一兩年前，柯某人就開始會說「兩岸一家親」、「夫妻床頭吵，床尾好」是「命運共同體」。顯然對岸有力人士已經摸清楚他的「形上建築」，對他已定了「性」，彼此建立某種「心照不宣、共同努力」的模式；而善良的臺灣民眾還有人相信只有此人才會打破兩岸僵局，甚至政客們也同等無知，打著各類「親中愛臺」的旗號，名目紛飛，氣象萬千，與時推移，就怕趕不上新的潮流！

柯P由「白」向「紅」邁進，「背骨」已成，稱其爲兩岸新興的紅色人物也無不可。因此小國民們應適如其分，稱其爲「柯紅」。不忌諱以此新名號稱呼，爲的是太多小國民們若一時不查，以爲流行的必然是好的，而自陷險境，必須時時互相提醒。某名嘴公開挑戰柯紅自稱的「正直和坦誠」，小國民們眞的需睜大眼睛，看看柯紅私下到底在幹些什麼？

10.柯文哲心中的憤恨

要惹起智商157，自大而自戀人物憤怒的最有效辦法，就是不把他當成一回事！

尤其是權力薰心，正準備受萬民膜拜，先生不出奈天下何的政治人物，他的民調，不只出自一家，居然是坐四望三，怎麼不令他發火憤怒，難以自制，驅迫性的攻擊他人，有如「韓粉」。

事實上，依據這位柯大爺一向的見解，若他能夠反躬自省，這有什麼好奇怪的？他不是一向說，臺灣選民的「資質不高」，年輕世代是「剛破殼的小雞」。那麼「蠢蛋」和「小雞」選擇「菜包」和「草包」，當成數一數二的寶，這有什麼好怪異的？令人奇怪的倒是柯文哲在發什麼火？

民主政治，依美國人的經驗，最受歡迎的政治人物，是選民認爲「他像我」

（He is like me）。他說的、想的、表達的、用的語言，正像是普通選民。最經典的例子，就是雷根總統，雷根的智商平平，畢業於中西部的小學院，可不是哈佛大學醫學院的高材生。柏克萊大學生當年一向稱呼雷根爲「白癡」（idiot），而不稱其名。

因爲「他像我」，因此「我會喜歡他」，民調自然高。在民主政治裡，「蠢蛋」和「小雞」可以喜歡「菜包」或「草包」，這是他們的權力。這是民主政治的現實，可不是智商157醫學院畢業生、或是蛋頭學者所看不起的「反智主義」！今日的美國國內政治，畢業於東北角名校，不見得會加分，假如政客想表達自己的教養高，英文演講中加入法文，會等於政治自殺。

柯文哲可以繼續憤怒，攻擊他人是「菜包」或是「草包」，可預見的，他的民調會繼續向下探底、邊緣化。可以理解，韓國瑜和他的徒眾，會繼續實力堅強，因爲教主和信徒間溝通無礙。「韓黨」最大的問題是「韓粉」無理性地攻擊他人，當作唯一的選戰策略，甚至以此爲樂，有如柯文哲。

努力「非韓家園」的「菜包黨」，可不要學習「韓黨」的失策。綠營能征慣戰，從這次自發性、有紀律的「灌票」，就知道他們的老練和明智。至於被指爲

「菜包」的蔡英文，此次訪美收穫頗豐，若近月六十六架 F16V 到手，誰在乎柯文哲夸夸而言的空包「原子彈」？

看來應付柯文哲的最好辦法，就是「不把他當成一回事」，就像柯市長不久前訪問美國時，美國佬使用的方法。

11. 潛龍升天，肇事逃逸！

有媒體名人，自號「潛龍」，車禍肇事，向受害者說：「你看那隻升天的飛龍，就是我的名號，你就把那名號抄下來吧！」然後揚長而去！

當然，龍族有龍族的尊嚴，其鱗不可逆，這可不是我們販夫走卒、普通人家所可想像！俗諺：「龍生龍，鳳生鳳，耗子的兒子會打洞！」此諺可惜沒有說明，潛龍萬一落地，會不會變成了耗子？若如此，會有何等行徑？倘若，共產黨的「革命血源階級論」失真，所謂「潛龍」也有耗子的 DNA，只要一落地，也會變成打洞專家！

二千餘年前，漢朝劉向就說了這個傳誦後世，「葉公好龍」的故事：葉公好龍，鉤以寫龍，鑿以寫龍，居室雕以寫龍；於是天龍聞而下之，窺頭於牖，施尾於堂，葉公見之，棄而還走，失其魂魄，五色無主。

事實上，葉公還算幸運，萬一天上眞龍示其金身和元神，堂牖之際，只見一窩窩的耗子，葉公「五色無主」、「失其魂魄」，大叫「見鬼了！」還是小事；要是「誰說鼠無牙，何以穿我墉？」動搖國本，這才是大事！

你我販夫走卒，尋常人家，倒是不怕「眞龍」現身，這可是國運吉祥的先兆；倒是怕一窩窩耗子們出現，「碩鼠碩鼠，無食我黍！」「碩鼠碩鼠，無食我麥！」與敵唱和，臺灣版的胡錫進，「多年慣汝，莫我肯顧！」——是不是你我多年來慣壞了這批所謂「智識男」？他們眞的擁有護國、神山級的智識，還是你我與人爲善，輕易放縱，把耗子看成神龍？

12. 柯太夫人如此說！

文哲太夫人說：「白綠合作不可能。」柯文哲立即否認，他的媽媽不會這樣說！

要是多數選民相信柯太夫人說出的正是事實，豈不是毀了柯少爺的錦囊妙計？或許，太夫人看到柯少爺如此狠毒地想「消滅」蔡英文，仇結大了，如何白綠合作？例如，柯爺說：「給她三年已經夠多了，難道還不夠證明她有多少能耐？」支持蔡英文競選連任的大部分民進黨員，一定不會原諒柯爺的「惡舌」，仇深似海，那麼柯爺四年半來的「五大弊案」如何？——白綠合作當然不可能。

太夫人不瞭解：柯少爺攻擊蔡英文是要做給台獨「基本教義派」看的。如果看看最近幾個月「基本派」如何批評蔡英文：先說她不堪一擊，要她願賭服輸；然後說她明目張膽，恣意妄爲，要知所進退！不要再擔「三軍統帥」，當「國母」去；

再下來說她是「女皇」（還好，不至於說是「女騜」），帶頭作弊，她的倫敦政經學院的博士學位是假的云云……！

黨內「基本派」對蔡英文的批評酷厲如此，那麼黨外柯某人的「三年之說」還算客氣！事實上，柯某人想招募的正是這些基本派人士，柯市長會私下地說，民進黨的好友們，「德不孤必有鄰」，我柯某人和你們是同一戰線；請忘了我曾說過「兩岸一家親」、「命運共同體」、「臺灣是強盜」、「中國是警察」，我們眼前有共同的首要敵人，名叫「蔡英文」！莫忘了是誰作掉你們的「金孫」？

柯市長的錦囊妙計，是否能發揮效力，就要看教義派的「義理之辨」：到底他們和蔡英文間的矛盾，是「人民內部矛盾」，還是「敵我矛盾」？「非賴不投」，六個月後，蔡英文輸掉，不管是對韓還是對郭，干我們何事？不是嗎？短短六個月，我們的集團軍又可班師回朝了！「形勢」誰說不好？

「非賴不投」可以轉投柯某人，至少他不是韓或是郭，兩害可取其輕。事實是：柯某、韓某、郭某在中南海的心中有差異嗎？差異只能在誰比較能獲得臺灣選民的選票。大陸中央電視臺肯花那麼長的時間，全中國聯播，分析韓流為什麼退燒，韓國瑜的民調為何不再一日中天，無人可比，誰在乎他最近大逆不道地宣揚，他誓死反對「一國兩制」？在乎的，只是他的民調是不是仍然第一。

因爲中南海瞭解這三人的「底」，這三人已經被「定了性」，是中國的「寵兒」、「金孫」。他們爲爭取臺灣選民的選票，而作各種不同的話術、姿態和策略，中南海瞭解這終究只是化妝、塗飾，無傷大雅，可以「愛與容忍」，重要的是2020年，三員之中到底誰能爲中國贏得臺灣大選？

到今天，臺灣選民還相信 2020 年會是「三腳堵」。三腳堵，中國有三分之二的勝算。假如形勢演變，「兩堵」有助於中國取得勝利，中國會竭盡其影響力，力勸另一堵退場。可預見的會退場的是柯文哲，理由簡單：因爲，他沒有自己的意識形態主幹班底；當需要棄保時，他會是目標。綠色選民不會「棄蔡保柯」，但會「棄柯保蔡」；淺藍選民也只會「棄柯保韓」，或是「棄柯保郭」。

柯文哲可能明白這道理，他的總統前途是暗黑的，除非他的民調能開始獨占鰲頭，持久不衰。2020 年不是柯文哲的局，他需要「純粹理性判斷」，才會瞭解他的宿命。可惜，自以爲自己是聰明絕頂的人物，常常最缺少的是理性。只有我負天下人，哪有天下人負我？「剛破殼小雞」的年輕世代終會明白：這是「英雄崇拜」的代價。

13. 柯文哲爲什麼拚命攻擊蔡英文？

最近柯文哲爲什麼拚命攻擊蔡英文？其實，多數的臺灣選民都心知肚明。柯市長每天遠眺仁愛路另一頭的大建築，想的是什麼？蔡英文是他謀取大位路上的一塊大石頭！

假如蔡英文能在民進黨初選勝出，柯市長只有當「老三」的份。這也爲什麼傳聞他對臺北政治界，夫子自道，私下放出消息：假如蔡英文是民進黨候選人，他考慮不參選總統；假如是賴清德他一定參選！

這可不是「尊蔡卑賴」，或者柯太夫人所說的：「蔡是恩人，我教的孩子怎麼會忘恩負義！」這可是熟讀日本戰國史、《孫子兵法》，老謀深算老政客柯某人的政治計算：蔡英文不倒，柯文哲不會好。

因爲，蔡英文不倒，支持蔡的淺綠、中間、年輕世代選票，不會移轉到柯市長；只有打擊蔡英文，令她跛腳，在民進黨初選失利，賴清德勝出，蔡的支持者尋找出路，柯所謂的「白色力量」才會是合適的出口。從此總統大選「三角堵」，當老三是賴清德，柯市長坐二望一，仁愛路的另一頭已經在跟他招手！

柯市長的翻雲覆雨手，實在令人佩服！但是美國「深層政府」的學者、專家們卻不吃他這一套！柯市長訪美之行，不談他所受到的「待遇層級」如何，他想推銷的「親美友中」理論，所受的冷漠和疑問，柯市長冷暖自知。美國的「大考」不行，只能匆匆忙忙地往日本去「補考」，效果如何，臺灣選民自有公評！

美日不買帳，只好回到臺灣，「草螟弄雞娘」，反正穿裙子的好欺負！柯市長洋洋灑灑，數說蔡英文的罪狀，最令國人不以爲然的柯氏言論：蔡總統嗆聲拒絕習大大主席的「一國兩制」，使得習主席顏面盡失，才會接二連三，有中國戰機、航母繞臺，是針對蔡某人，給蔡政府壓力，臺灣人民是池魚之殃！

習主席的戰鬥轟炸機群和遼寧號航母艦隊，早在習主席訓示臺灣同胞要學習「一國兩制」之前，已經開始。美國派遣船艦航行臺灣海峽，宣稱它是國際水道，不是中國內海，中國戰機不能隨便穿越海峽中線，破壞現狀，脅迫威嚇鄰國——難道蔡總統也要同聲譴責美國此舉，才算不是挑釁中國？

還記得柯市長曾把臺灣比作「搶匪」，到美國人開的軍械「銀行」打劫，沒有看到旁邊站著的是中國「警察」。照柯市長的說法，臺灣應該立即棄械投降，任憑中國警察發落。可惜他這套理論，美國人恕不苟同，嗤之以鼻，只好再帶回臺灣。

柯P「親美友中」、「兩岸一家親」、「臺灣搶匪論」，現在美中貿易大戰開打，冷戰形勢已成，親美親中，兩者取一，別無選擇。柯P這套道理，以往對臺灣的「經濟選民」還有些說服力，如今臺商搶著逃離中國，幹什麼來著？——無事自擾？

柯市長攻擊蔡英文，攻擊的是臺灣的親美勢力，攻擊的是臺灣人民保衛自由民主生活方式的決心，攻擊臺灣主權獨立。我們若讓柯P謀取大位的陰謀得逞，臺灣只會是柯P對中國的談判籌碼，臺灣不多不少，會多了兩項東西：一國兩制和臺灣特區的柯行政長官。

14. 柯媽媽，您公子的恩人是馬英九！

柯媽媽說，蔡英文是她寶貝兒子的恩人，柯家是善良的，絕不會恩將仇報，兒子絕不會2020年和其恩人對陣，要是賴清德就難講了。

老人家這一番喊話，對敬老尊賢、有「婦人之仁」的蔡總統或者有少許效果；而對同樣善良，卻一向痛恨政治人物「背骨」的綠營基層，一定效果不彰。善良人最吞不下的，就是他的善良被人利用和欺騙。這種「同仇敵愾」，蔡英文即使怎麼想，也無能爲力。誰叫柯媽媽的寶貝兒子「素行不良」，半路認祖歸宗，一路認到陝西省延安縣，視臺灣地方父老爲無物！

其實，柯媽媽有一點不太明白：她寶貝兒子最大的恩人，倒不是蔡英文，而是馬英九。要不是許多國民黨同志認定，馬先生倒行逆施，眾叛親離，柯媽媽的寶貝三年前在競選臺北市長時，哪會有那樣的攝人氣勢？當然，也要感謝連大少爺，未能堅持他的「崇禎皇帝」理論，一路打到底；令人錯愕地，連少爺居然跑到華府，枯等一、二小時，懇請在那裡當差的皇帝內侍總管，轉達其向皇上盡忠報效之忱。連公子爲德不卒，被天龍國忠黨愛國之士看破手腳，扼腕嘆息，志士們只得尋找新的「光明」！

這點柯少爺倒是比他的親娘清楚。所以在最近《逆說歷史》的新書發表會上，少爺就和他的「法西斯」恩人群們，歡聚一堂，不論白幫、黑幫或山口組，正邪無間道，水乳交融，相得益彰，令世人爲之側目！遺憾地，事主馬先生未能及時出現，柯爺不能親身感謝馬先生「無心栽柳」的提攜之恩！

據媒體傳聞，國民黨今年臺北市長選舉推不出夠好的人選，準備「妻以夫爲貴」或是「夫以妻爲榮」，舉薦周美青女士出陣，競選市長！——若此，柯媽媽善良持家，總不能教自己兒子，恩將仇報，鼓勵柯少爺和恩人的「牽手」較陣：這是報恩的機會。

小國民們相信臺灣選民和柯家一樣善良。到頭來，一定會在 2020 年大選時回應柯家的善良家訓，銜環以報，不管柯少爺未來的對手是蔡英文還是賴清德！

15. 偉大的不是柯P，新世代才偉大！

「柯P終結柯P，超越藍綠崩潰中！」深藍電視臺的跑馬燈似乎如此標明！選戰還未開打，第一個經不起龐大壓力的居然是柯爺，實在令鐵板一塊的「柯粉」義勇軍們錯愕。民調不是說柯爺不動如山，三腳堵，永遠超越五成，假如一對一直球對決，民調更是高的離奇，那幹嘛滅自己威風？向墨綠電臺登門請罪，向小英輸誠：千錯萬錯都是柯爺的錯？眞抱歉，「夫妻床頭吵，床尾和」是失言啦！──國台辦大小官員終於鬆了一口氣：誰跟你是哪門子的夫妻！

君無戲言！柯爺爺您的義勇軍們的心都碎了！你總該向他們解釋一番。是不是那位「語不驚人死不休」的名嘴說對了：你的義勇軍只是某「專人」（有名有姓），用專款（有個數字），誘導、演練出來的，一定經不起選戰炮火的淬鍊？兩軍相接，未必「一哄而散」，「棄甲曳兵」倒有可能。這年頭流行假新聞、假民調，到底那個「金正恩」是眞是假？——難道義勇軍也可能是假的，人工製造出來的？

那麼柯P背後鐵板一塊，新世代強大的支撐力，以往只有不要命的「柯黑」敢招惹，是不是也出了問題？因此民調直直落，經年累月被冷言酸語「虐待」的綠營徒眾，也變成了柯爺必須拉攏的親朋好友。不會是民進黨想「自推」造成的強大後果吧？還是柯營開始鬆軟崩壞？

從這次柯P道歉所引發的效應，許多人終於覺悟到柯P不是他自己所想像的，那麼偉大，萬夫莫敵。眞正偉大的是新世代。現在看起來過去三年，柯P倒有點像是在「狐假虎威」，連民進黨中央也看走了眼。民進黨感念 2016 年大選，新世代的大力支持，而不願對柯P有太大的評議和切割！現在事情慢慢清楚：新世代的老虎們終於懷疑站在他們前面吆喝、嘶吼的，是他們的同類，還是隻狐狸？

柯P很快後悔他的道歉，因爲他的「神話」不經心地被他自己破滅掉了！就算民進黨禮讓，他能再找回多少綠營選票？從此大家都可以精實地估算柯P的「魔力」，以往很多人都錯覺地以爲柯P就是代表新世代：處理柯P就像處理新世代，重中之重，不敢冒然造次。聰明的柯P當然知道這次他犯了致命的的錯誤。上電臺道歉後數小時立即更正：都是副市長「強迫」他上的，他只是對他過去發言感到不愉快的綠營群眾，聊表歉意，他的基本立場不變。

如同他的政敵所說的，柯P是隻沒有「中心物質」的水母。請注意，他也是會嘻嘻哈哈「變臉」的水母！要變臉、容易過關，人間鬼域來往自如，怎麼容得了心中有物，何遑「中心價值」！

16.搞不清楚自我方向的「義勇軍」！

網路的最大咖，霸凌能力超強，人見人怕的「義勇軍」，終於面臨危機，因爲全軍搞不清楚方向，分身乏術，到底是「親柯」還是「親韓」？

當然，柯在北，韓在南，兩地相距數百里，八桿子打不著，眼前一時也沒有什麼利益糾纏！但是打擊「柯黑」的心性和論述，和攻擊「韓黑」不同，一心不能兩用，到底何者優先，還是義勇軍終究必須一分爲二，各行其是？事實上，很不幸地，不久的將來，矛盾終會出現，兩軍必然在網路戰場上相見，同室操戈：「白派義勇軍」征戰「紅派義勇軍」。

我們在此談的「義勇軍」是指本土產的，尤其是臺灣的年輕世代，不是無事找碴、惟恐臺灣不亂的對岸五毛黨、憤青，或是網路部隊負有任務的職業軍人。

事實上，「柯P」和「維多利亞．韓」（借用其雙語學校之名），不只有本質性的矛盾、利益的矛盾，更有文化背景深溝似的差異。想想看「柯P」會希望「維多利亞．韓」在高雄市一帆風順嗎？或是「維多利亞．韓」希望「柯P」在臺北的勝局，有如秋風掃落葉嗎？如果幸或不幸，柯、韓皆得志，臺灣固然哀鴻遍野，對岸中國也是一個頭兩個大，左傾還是右仰，到底要選擇誰？2020年若令兩者相爭，優勝劣敗，豈不便宜了「一小撮」台獨分子？

搞不清楚方向的「義勇軍」，此刻形勢大好，要霸凌誰，就霸凌誰！當然他們不覺得自家的結盟，會禍起蕭牆，分裂在即。到底政治上沒有永恆的朋友或敵人，與其往後深恨被人出賣，痛心疾首，不如現在就好好地思量，該分就分。

柯乎？韓乎？意識形態兩者都屬於廣義性的統一派，理論上卻是涇渭分明。看起來，柯P相信「一國兩制」、奉北京為正朔，對臺灣享有宗主權的「藩侯派」，藩侯式的一國兩制。而韓則為「廢藩置縣派」，臺灣內地化，血濃於水，若軍歌化，只等那信號一響，「把刀刺入敵人心臟」的民族至上論者，馬英九的「新信仰」已經說的夠清楚了。最後，對臺灣而言，兩者都是「溫水煮青蛙」，只是加熱的速度不同。

不要以為加熱的速度不重要：「十年見眞章」和「五十年馬照跑舞照跳」，援用某大經濟學家的名言：「五十年後，我們都死了，誰在乎？」所以，柯P若改「兩岸一家親」爲「五十年」，自稱爲「柯五十」，反對他的人，可能就不會如此人多勢眾，這是政治群眾心理學。這也爲什麼執政黨被人垢病：對柯P一直說不清楚，含含糊糊。至少執政黨沒有欺騙人，維持現狀，至少他們努力爲新世代找尋機會！從兩國論開始，二十多年來，蔡英文改變了什麼主權立場？

如果災禍中災禍，勢不可爲，絕望之餘，應作何種處置？以歷史案例，當事不可爲，蒙古兵追迫，南宋忠臣陸秀夫把自己妻室兒女趕下海，最後背著幼主趙昺跳海，南宋宗室八百餘人、軍民數萬也集體跳海自盡，也算是一種求仁得仁、盡人事聽天命、封建時代負責任的作法。若依現實的臺灣「民格」水平而論，到時願意跟隨「柯五十」的，看來會比較人多勢眾，這是臺灣盟友最擔心的一點，沒有保衛自己國家的意志和決心。

當然，臺灣還有許多人，可稱作「無可救藥的樂觀主義者」，相信人類文明的走向，人性對自由的追尋不會泯滅。新的奴隸帝國可能會再度興起，可幸地，新建的柏林圍牆也會隨著歷史的必然而崩潰。不願「就近譬遠」，不會把眼前的侷促，相信是未來的前程，把歷史拉大和拉長來看，眼前的窩囊，未必是未來的榮光。

這是此時不可一世、志得意滿的新世代「義勇軍」終究會遇到，而被迫必須學習的功課，除非他們準備投降。「就遠譬近」深思熟慮的智慧不學，當另一股新的浪潮上來，只等著變成沙灘上只會吐氣的泡沫！當臺灣新世代有人開始會想，第一個會覺悟到的：柯P和維多利亞・韓，到底是何等貨色？值得他們如此擁護？爲什麼他們就不能更有能耐，而只會抬人家的轎子？會如此覺悟就是臺灣啓蒙新世代的開始，臺灣新文明奔放的開端！

17.民衆黨一字排開，退此一步，即無死所！

民眾黨一字排開，酒駕的、沒有酒駕的、塔綠班、非塔綠班，過河卒子努力向前，因爲退此一步，即無死所！

所以民眾黨傾巢而出，不論臺北、新北、桃園、新竹、臺中，甚至高雄都有市長人選，議員層級更是琳瑯滿目。名嘴們都不諱言，直指這是民眾黨的「背水一戰」，爭論的只是柯P使用的戰術是想挖國民黨還是民進黨的牆角？

內鬥正殷的國民黨看來是民眾黨首要目標，柯P面對藍營不是一向慈眉善目，溫柔體貼嗎？俗語說得好：「笑咪咪不是好東西。」民眾黨居心叵測，由此即可看出。

無怪，媒體爆料柯P「密會」馬前總統請益兩次；「密會」又被爆出，你我小公民們見怪不怪，這不正是柯大人一貫使用的手法嗎？名嘴們猜測他有可能準備同樣密會陳前總統，他玩的把戲，總是所謂超越藍綠那幾套，有什麼好吃驚的？

柯大人自詡是白色的，也就是紅橙黃綠藍靛紫各種光線頻率的混雜體，沒有中心頻率，因此柯P可以因政治需要，隨時可以找出一類光頻和其頭人，密會一下，製造網路聲量，政治聲勢，歷久不衰，幹嘛要中心思想，只有我柯某人有此本事，可以隨時甩鍋！

臺北政界近傳柯P正爲其「基金會」尋找董事，董事當然就是「金主」，從其所列名單，水清無魚，就知柯市長在想什麼，努力什麼，不知道柯市長的收穫如何？

民眾黨大概不會再宣稱自己是「小公民的黨」，名稱雖是「民眾」，怎麼金主們濟濟滿堂？也難怪五大弊案，辦了七年，一無所成。西諺「打不過人家，就跟著人家走」，看來還是「遠雄巨蛋幫」厲害。被柯P叫作是「剛破殼的小雞仔們」的年輕世代們，是不是該覺悟涉世未深，認錯師傅，爲人所用，而不自知？

所以，臺北許多政治達人們都在預測：國民黨和民眾黨百年好合、魚水之歡的婚姻，如何夫妻床頭吵床尾和？或是援用國民黨某大咖的妙喻：武大郎和潘金蓮同床共被，齊頭不齊腳，齊腳不齊頭。你我大小公民們更想知道，國民黨和民眾黨到底誰是武大郎？誰是潘金蓮？

18. 民眾黨對國民黨下毒手！

「人前握手，人後下毒手。」這個俗話，用以形容民眾黨對國民黨的手段恰好不過了。

你我大家都看到柯市長每面對深藍群眾，哪時不滿臉堆笑，反當有機會批評蔡小姐，就是深仇大恨，不共戴天？怪了！柯家的太夫人不是公開說過，蔡小姐對柯家的兒子有恩，柯家教養的孩子絕不會恩將仇報——怎麼算是政治大咖的「媽寶」，會不聽慈母的庭訓？

更令很多人納悶，柯家太夫人斬釘截鐵說不認識顏家大公子，卻可以千里一線牽，不期而遇，一頓中飯吃下了，就如關西摸骨大師的神算，目光如炬，太夫人就知道大公子既溫柔又老實，不講白賊話，更不會侵占國有土地，票當然要投給大公子的5號。

又怕你我只注意人家在享用什麼美食，搞不清楚狀況？柯太夫人帶領同桌大咖們舉起手來，個個亮出五根手指頭，就是5號——眞的，你我還有人弄不清楚人家一齊吃飯的用意嗎？

如果你還弄不清楚，柯太夫人再給你個「即席指示」：數說大公子政治對手的不是，說她罵人「赤柺柺」，白賊話拖著亂亂講，做人不老實，也不溫柔，實在不應該！哪像顏家的大公子，生子當如顏寬恒！

媒體所描述的，你若完全相信，你就會中了柯家「媽寶」的計。顏寬桓選不選得上，柯P心裡暗暗的，並不那麼在意。他在意的是顏家二代幾十年的中臺灣基業，是否能夠從國民黨轉爲支持民眾黨！這也是爲什麼安排這個千里來相會的，正是民眾黨臺中市黨部主委。

國民黨怕被人說和地方土豪劣紳、侵占國有土地的神棍家族勢力掛鉤，白色的民眾黨倒不以爲意，可以兼容包蓄：老蔣不要，老毛要。

看來國民黨的江主席還沒驚覺到這點：除了「戰鬥藍」、「敲門藍」，還有人打著藍旗，呑藍旗，人家是要來挖牆角的，不分老少，連主席的太夫人都出動了！有朝一日，顏寬恒扶搖直上，變成民眾黨的「政治大咖」，到時你我可不要太奇怪了！

19. 柯文哲的三個半女人

多數臺灣媒體都知道柯文哲市長擁有三個半女人：一是「太夫人」，二是「夫人」，三是「內人」（處理內情的人），最後半個是暱稱為「學姐」的發言人。三個半女人，各有所長，各有所司，俗諺「一山不容兩虎」，小小市政府，居然容得下三隻半老虎，自由進出，咆嘯自如，不會出亂子，誰說的「養虎為患」？看來只有 IQ157 百年難見的奇才，如柯市長者，才知道如何當個咆嘯山莊的莊主。

先說「太夫人」：夫人以禮義持家，書香門第，為人敦厚，趨庭之教嚴厲，柯家孩子絕不像尋常政治人物，出口酸言酸語，飛箭利劍，唯我獨尊。太夫人說：我家孩子，保證教養，絕不會忘恩負義，除非「恩主」有所不為，我們家的孩子，才會拾起遺穗而為之，絕不會不顧政治倫理，背後捅刀！但是，不要就以為我家孩子好欺負，可以任意霸凌，惡意汙蔑，不留口德者，一定會有報應！——可惜，太夫人心中的「惡棍」，卻仍然勇往直前，over my dead body，吾豈好辯哉？最多不過重然諾，再「跳海」一次，爲公理公義，誰在乎報應的咀咒？

次說「夫人」：現在已經是臺灣普遍的認識，「武鬥」絕不能以韓流爲敵，他們一呼萬應，四十萬大軍即刻集結，韓流出征，寸草不生；而「文鬥」者，千萬要懂得避開臺灣大學醫學系畢業而從政者，尤其是夫妻檔，兩者天縱英明，一個若爲「主攻」，中間突破；另個則爲側翼，欺敵夾攻，結果一定相輔相成，攻城掠地，克敵制勝。所以，千萬不要學某市議員，不經心和夫人爲敵，妻以夫爲貴，哪經得起外人虧損，議員和醫學系對幹，自蹈險境。

夫人之例，倒令人想起多年前，雷根總統的一件故事：總統海外訪問，一下機舉行記者會，侃侃而談訪問心得，先大事宣揚前言，後言卻接不上來，囁嚅了十幾秒，旁邊的南茜夫人，立即若無其事的，淡淡的說出完美的後言——美國全國輿論大譁，說我們是不是有位「代總統」？南茜夫人後在白宮回應，我只是不假思索的說出我心中所想的，可不是代替總統回應。夫人當然不會扯所謂她的「自由表達」的憲法權利，說批評她的「多言」就是侵犯她的「言論自由」。殺雞焉用牛刀，小事而放大為之，日子會越來越難過，舉步維艱，前人說「心中自有丘壑」，不知所言丘壑是為何事？

夫人攻擊力十足，連 2024 年夫婿可能的對手也不放過，未雨綢繆，所謂「只想上神壇，卻不敢有所擔當」之說，天下人都抿嘴而笑，知道所指為何？夫以妻為貴，有妻深謀遠慮如此，夫復何憾！

三談柯市長的「內人」：市長和伊相知相識，職場共事數十年，革命情感深千尺，所以「內人」自然是瞭解和處理「內情」之人。例如說，市長和「素行不良」的大商人私下密會喬事，為「清流」所厭惡，口誅筆伐，不便公然為之，只得由「內人」代為處理：名列五大弊案之首的「大巨蛋」，經數年陳倉暗渡，據說已經在裝上座椅了。

市府當然不會因「怠惰」、「瀆職」，而不知其中故事，一定是經過「內人」穿針引線，互通生氣，即使喧騰一時的「安全」問題，也會不了了之，其間一定有深意。市民若問市長你和大商人密會私通幾回，市長一定也說不上來；市民只得問「內人」才可知道原委和次數，只要她願意回答你們的疑問！

這樣的「內人」會不會鋒芒太露，網路聲量太高，現在又為立法院第三大黨黨首，弱幹強枝，而令主子側目？也難怪市長告誡他的其他幕僚手下：你們人多勢眾，還鬥不過一位區區女子！

最後，我們說說柯市長的半個女人：此姝出汙泥而不染，還是不久以前，市長宣揚可以「抽獎」，幸運的年輕世代、翩翩君子，可以和此姝一起「吃飯」，此事翻騰整個年輕世代。可惜人家是留英的，可知道 decency 此字意喻為何，拒絕市長好意。只好依其和新世代溝通能力，聊為市府發言系統代表，雖然鑽石陷溺在石礫中，仍爲鑽石，此姝此時只能算是半個女人。

美國媒體對政治人物，有個標準，政客是不是「likable」？此事非常重要，有位婦女對媒體透露：她的先生對某男政客，非常喜歡，她若在（電視中）的政客面前，寬衣解帶，一絲半縷，她的先生也不在意！如果以此「喜歡」的標準來衡量柯市長三個半女人：不是選民敬老尊賢，避之惟恐不及；就是有人得理不饒人，窮寇必追，令人難以親近；不然就是吃碗內看碗外，爲主子計，不得不一手抓；說實在的，諸等人物實在難令選民喜歡！

最符合新世代期待，有所爲有所不爲，就是那位半個女人，可惜她沒有政客應有的自我標榜的積極性。民眾黨當然知道自家弱點，廣求新血，辛苦找來可能是美麗的吸票機，卻馬上落入粉紅風暴。看來以後找來的新血，一定要由副市長黃珊珊集中看管，不能任由「君子好逑，姐兒愛俏」的文化滋長，民眾黨可快要變成粉紅一族了！

20. 搶匪和警察如何一家親？

還記得柯P說，臺灣是搶匪，到美國（軍械）銀行搶武器，沒有看到旁邊站著中國警察？

臺灣人民接著要問，如果我們是搶匪，如何照你柯P大人的忠告，和中國警察一家親？我們猜想柯P會這樣說，那就洗面革心吧！棄械投降，兩岸一家親，共組一個中國夢！

但是，就在此時，銀行裡走出四位大漢，對著我們說，不用擔心這裡站的「警察」，他可不是我們的「聯邦公安」，不知道從哪裡冒出來的？趕也趕不走，說這裡是他家的地盤？祖宗十八代前就是！

請進！請進！貴客請上門！你們該知道在這個國度裡，自我武裝（bear arms）是公民的憲法權利：我們若沒有槍，不懂得放槍，怎麼會有「獨立戰爭」、「美利堅合眾國」？槍桿子出政權，拿槍桿子壓迫人的集團，最怕別人也有槍桿子。快進來買幾把槍、自動武器，看外頭的公安，會不會再對你們指東叫西，不聽話的掌嘴，不聽口令、隨便亂動者，就斷了你們的腿！──對了！「自我防衛」也是我們憲法的權利，買武器自我防衛，天經地義！

所以我們不再是「搶匪」，而是人家歡迎的「顧客」，或甚至是「同志」！追根究柢，誰才是世界警察，不是中國的公安說了算，更不是柯P說了算！──他算老幾！

要兩岸一家親，起碼要「相看兩不厭」，基本的價值系統要一致，不是什麼「炎黃子孫」之說，就可料理一切。人類學家說人類的祖先來自衣索匹亞的一位被取名爲「露西」（Lucy）的婦人：怪不得，有些喜歡家譜源流久遠的中國人，會和衣索匹亞的「譚德塞」那麼麻吉，此事是有科學根據的。人家的血親可不是「我家族在江西住了一千年」之輩所可比擬的！譚德塞可是數萬年的血親。

香港的新世代卻有不同的看法：五十年的保證，都沒有辦法做到，誰管你千年或萬年！香港新生代喜歡稱大陸人爲「表叔」，表達的很貼切和精準。柯P說，我們要和表叔一家親，所以臺灣人民不要購買自衛的武器，令表叔生疑，而變得

「兩岸一家恨」——臺灣人民，你們對柯大人「親恨之學」的看法如何？

爲什麼要和人家共組一個中國夢？是不是要和臺灣二千三百萬人民協商和獲得同意，還是由中國十四億人片面決定，共組一個中國夢的進程和內容，不管是一國兩制，還是「一國一制」的臺灣方案？如果二千三百萬人不快快順從，臺灣人民可要注意到半夜而來、轟隆轟隆的轟炸機群，更要注意到「國家安全法」的施行細則，還有暗地裡的所謂「獵狐計劃」！

世事難料，十年河東，十年河西，尼克森、季辛吉訪問中國，訂定「聯中抗蘇」的戰略大計，五十年就這樣過去了！當年的蘇俄共產帝國已經崩潰不存在了，前門驅狼，後門進虎，昔日的戰略好伙伴，變成會反噬的老虎；一廂情願的恩客卻有遭虎吮，或是被吞噬的危險！眞正感到有亡國危機的是武漢病毒的肆虐，簡直比數十倍的珍珠港襲擊還可怕！

新冷戰的局勢已成，世界非楊即墨，壁壘分明，價值不同就是分處在不同的國度，你可能「友中親美」嗎？不買自衛武器，自斷胳臂，五十年不到，表叔若翻臉不認，你已經是人家的一國，到時要民主人士基於人道、自由人權的普世價值，予於援手，有如援木而求魚，可能嗎？德國梅克爾總理就是一例：經濟利益重要，其他都是中國人自家的事！若悲劇如此，只能用臺灣時中部長的名言：「自己選擇什麼樣的『國』，自己就要承擔自我決定的『業』！」

21. 柯文哲的破殼小雞們

臺北的政治評論界一直有個頗爲尷尬的困擾：不管柯市長說了什麼渾話、傻話、謊話，假裝受人暗算而哽咽落淚，以及不幸被人抓包、幕僚精心設計的「野放」——他在年輕世代的民調，永遠高高在上。據一位「台獨大師」的獨得之祕，柯市長的民調有正值外溢效果，全面橫掃臺灣。

這個迷團，柯市長終於夫子自道，給予解釋。他說，年輕世代有如剛「破殼」的小雞，混沌天眞，要先下手爲強，給予印鑄（Imprint）。從此小雞們就會以伊爲師，感念師傅，亦步亦趨，不管日後師傅說錯了什麼話，做錯什麼事，他們都會瞭解，都會原諒，天下哪有不是的師傅？

柯市長所言甚是，不愧爲臺大醫學系的畢業生，學有所本，「動物行爲」應該是其本業之一。他熟知動物（包括人類）中樞神經系統的發展有一定的年限，某些動物神經系統發展可以短至只有三個月。有位動物學教授就有過如下的實驗：從「破殼」開始，他就養了某品種的鶴（中樞神經成長期正是三個月）；在那期間，除了他，不讓那頭鶴接觸外界；小鶴一開眼，看到的只是他，學習生活也靠他。三個月後，小鶴從此相信他和這位動物學教授是同類，一生不變。小鶴會從池塘中挾住小魚，想餵食他的同類，示好，……。三個月發展期的小鶴如此，那麼小雞呢？是不是已經被柯教授所印鑄？

小雞們剛一破殼，眼光還是迷離，不清楚，看到的只是幻景：白色力量的柯P，白袍的柯P，行事公開透明的柯P，野放的柯P，超越藍綠的柯P，敢叫人「王八蛋」的柯P，流汗不流淚的柯P，不是太后或太子的柯P，用「爛服務」來控制市場流量的柯P；慢慢走，一定要當上「白裡透紅」總統的柯P：這種無所不曉，無所不用其極，有通天本事，有綜藝才能的「政治妙禪法師」——他不是師傅，誰才會是師傅？

柯教授好像是小雞們另類的「初戀」對象，但初戀未必是終生最好的選擇。人間有許多英雄可以作爲崇拜偶像，但英雄之爲英雄，是因爲你可從他們身上學到什麼，因而你能藉此成就你自己。重要的是你自己，能否掌握你自己的內在思緒，而不是虛榮的山寨版小英雄。學會一套防身本領，建立自我，不能輕易被人收編爲義勇軍：這是小雞是否能長大、演化，還是一生繼續爲小雞，或是有幸成爲大物的眞正關鍵。

英雄不期待他人跟他一樣，只有梟雄才會印鑄他人，爲其所用，在他的眼中，你永遠只是和應該是小雞。其間差異應不難分辨。

22. 柯市長與妙禪法師

昨晚酷熱難當，胡某人輾轉床側，得一夢境，夢中柯市長與妙禪法師「大師論壇」，所見所聞，如何糊塗荒誕，也應受中華民國憲法「思想自由」之保障，何況夢中荒唐。其夢境有如下述：

『柯市長』：

想請教法師一件事：人家都說我話太多，說了一句謊話，要用十、百句謊話來圓。我看法師一句話也不說，在數萬信眾的法會，只要一舉手，您的女大弟子，就前後搖頭晃腦，還哀哀地叫，眼淚直流，大愛衝頂，幸福無限的樣子，法師的法力實在令人羨慕！

『妙禪法師』：

市長，你太客氣了！我哪能不說話，我只是喃喃自語而已。

『柯市長』：

「喃喃自語」有這麼大的洪荒之力？太令人五體投地的崇拜！不才願聞其詳？

『妙禪法師』：

我舉一例：如何令乩童「起童」，首先我要向天帝請示，摹擬張天師仙符在黃紙上，然後在一碗清水上，燒起仙符，邊說邊念咒，徐緩快速，忽送忽收，依乩童需要；當到達臨界時刻，吸口符水，往其頭頂一噴，必然衝頂，神靈附體。……我只是積數十年經驗，把鄉野庶民那一套，升格美化，符合都市貴婦、知識分子對「格調」的要求而已！例如說，一律要穿紫色制服，只此一家，別無它號，「愛馬仕」不是有這樣子的行銷策略？

『柯市長』：

失敬！失敬！原來您也有您的 SOP！請問您喃喃自語，念的是什麼咒？

『妙禪法師』：

對不起！市長，這可是我們這一行業的通關祕語，天機不可外洩。我只能這樣說：只要「時間」、「空間」對，任何「咒語」會接上「宇宙能量」，就有翻天覆地的效果。事實上，你也經歷過，你的「王八蛋」之咒，不就是等於「美國隊長」的神力？

『柯市長』：

我苦惱的正是此點，希望您能爲我開示！當世運時，我被逼癱坐在椅子上，口不擇言，「王八蛋」就脫口而出，居然四十八萬「民兵」立即成軍，忠心耿耿，當我鐵衛！——而當我取法乎上，與人爲善，「兩岸一家親」、「夫婦床頭吵床尾和」、「命運共同體」，我卻變得像是隻過街老鼠，藍白拖、耍棍、球棒，一起往我身上砸，令我很不開心。我這麼聰明，又會搔首、又會擠眼弄姿，應該人見人愛才是，是不是犯了什麼狂妄小人，禪師可有何解釋？

『妙禪法師』：

你的麻煩，我打個比方，你看我全身上下穿什麼？

『柯市長』：

是白袍、白褲！（搔搔頭髮，大惑不解樣……）

『妙禪法師』

這就對了！那你知道我裡頭穿什麼？

『柯市長』：

……（又開始搔頭）

『妙禪法師』：

我裡頭穿的是紅色上衣、紅色短褲，打個比喻，我是西藏祕宗紅教嫡傳弟子（哈哈大笑！）我不說，有誰知道？我會到處、隨時掀起我的頭蓋來，寬衣解帶？看著！看著！我裡面裏的是紅上衣、紅短褲，大紅燈籠高高掛，紅色夫妻，床頭吵床尾和，多的是紅色革命感情！

『柯市長』：

（市長用種似懂非懂的語調說）照法師的比喻，我過去可眞是「白色力量教」的活佛，多少人頂禮膜拜，稱我爲師尊。如今，掀了底，我怎麼好說我又白又紅，白裡透紅，紅裡透白？

『妙禪法師』：

既然你有此覺悟，往事已矣！一不作二不休，就穿起紅外套，裡外皆紅，吾道一以貫之，以西藏祕宗「紅教教主」自居，自立山門，廣收信徒，四十八萬禁衛軍立即投效。紅軍不怕行路難，萬里長征等閒看，延安在哪兒？延安在那裡！——匹夫匹婦都懂得說「天生吾材必有用」，何況「曠世極品」如市長者，談什麼要回去當醫生？外間傳聞：只是便宜了蔡英文，「一中各表、同表」、「九二共識」，不再纏身，功高震主，不是嗎？中南海開慧眼，認識新英雄，已經接下你的「兩岸命運共同體」，期待近日再相會，「一起共築中國夢！」——是福是禍，柯市長你好自爲之！

23. 柯文哲說：覆巢之下無完卵

柯文哲今日對媒體說：「覆巢之下無完卵。」

此說從落體力學來說，一點也不錯。但若是從現實政治觀點而論，未必如此，因爲有些「良禽」早就學會擇「良木」而棲，早就把全家大小安置在政治正確的巨木上，風雨飄搖，再多的飛彈來襲，也不會「覆巢」，怎麼會把自己的蛋蛋搗碎了呢？

例如說：「兩岸一家親」、「祖國昌盛萬歲」之輩，怎麼會「覆巢」？「無完卵」之說對此輩而言，只是杞人憂天。此輩之人會說「覆巢之下無完卵」，只是用來製造聲量，當然是別有居心，另有所圖！

柯文哲會如此說的原因，有人（恨世忌俗者）會這樣解釋：不聽我柯某人「兩岸一家親」、「夫妻床頭吵床尾和」，你們臺灣人若執意當「搶匪」，搶武器，

「公安」若見況，氣急敗壞，擦槍走火，我柯某人可不要蒙受「池魚之殃」，這就是我說的「覆巢之下無完卵」的眞義——好人心，天打雷劈，眞是倒霉至極！

也有人（與人爲善者）不以爲柯文哲會這樣想，他們會雙手合什，阿彌陀佛，人都有善念，柯居士應該會這樣說才是，老虎要吃肉，我們就割一塊給牠吃，要兩塊，就割兩塊，牠要吞而食之，我們就全身佈施；佛陀不是告訴人若心存善念，割一塊肉，就會有另一塊新肉長出來？臺大醫學院教我這叫作「新陳代謝」，無傷！無傷！幹嘛買武器和人叫陣！夫妻床上燕好，枕頭下難道要藏支「匕首」，以備不時之需？

柯文哲會接下來說，只有國民黨才會尋找「中國靈魂」，我們民眾黨哪需要「中心思想」；其實，「憤世忌俗者」和「與人爲善者」兩者之說都對，我柯某人兼容包蓄，無所堅持，超越藍綠！

柯文哲又說：藍營若有太多「憤世忌俗」之輩，難以教化，我就轉身說些令綠營開心的言論，例如，我家也是 228 受難者，開發出「與人爲善者」的選票，來補充；綠營若繼續頑劣不靈，我就回頭向藍營召喚，我柯某人最佩服的偉人就是鄧小平，改革開放，眞是歷史奇蹟，相較之下，六四屠殺一點也不爲過；那麼 228 呢？

那只是歷史事件，人總要向前進，不能被過去綁住。香港的民主陣線只會是螳臂擋車，不知死之將至，臺灣的民主不也就是如此嗎？

從此「覆巢之下無完卵」之說風行；柯某人藍綠通吃，網路聲量逼迫雲表，神仙難及，深藍要如何戰鬥，才能挽狂瀾於既倒？他們發現躲在暗處的柯文哲，才是他們最頑強的敵人，誰說是民進黨和蔡英文？得民心者得天下，2024 年總統大選，全島一命，懇求柯文哲：先生若不出，天下必爲粉糜！兩岸廣大人民，翹首跂踵，如望大霓，有柯大人兩岸和平統一有望，阿彌陀佛！

24.「柯P」變「黨P」

臺北市有個大戶人家，號稱他只要晚上看電視，從48臺轉到55臺，一臺一臺看，他好像就快變成共產黨了，因爲他不是被人叫作「西瓜」，就是被人稱作「包子」！

當然，「習包子」他是當不起的；私下當個私淑弟子，躲在家裡揉麵做餡，外白內紅，尚可！其次，人家九千萬黨員會允許他們偉大的黨被人稱作「西瓜」？西瓜倚大邊，人家的黨會那麼沒有原則？全黨一定不依，陰謀者絕難得逞！

首先，共產黨人會說：我們全黨只准一個「大喉舌」，獨一無二，受十四億全國人民所囑託、擁戴的黨中央，哪會容許有另個「大嘴巴」，以攻擊中央爲每天他該專注的事務，而且樂此不疲！若是對岸共產黨員，有誰敢？黨中央早就立案調查，當事人不是被維穩，或早就以反貪腐爲名，被雙開，蒸發掉了，哪需要開記者會？

臺灣人民若說此大戶人家是「西瓜」，是「包子」，其實是在與人爲善，稍許抬舉其人，如此嘴他至少說他還有些用途：冬天吃熱騰騰的包子，夏天啖冰鎭的西瓜。若臺灣人民眞正放棄此大戶人家，說他是共產黨，那就連「西瓜」和「包子」的邊際效用都沒有了！只能央求對岸共產黨在新疆某處的「五七幹校」收容他，重新教育，因爲此員仍然有重新教化的可能！他「不忘初心」，懷念延安，以毛主席思想爲師，更以「四大戰役」的勝利，爲其在臺政治作戰的指引；而且樂愛穿中國製的褲子，非中國的國產疫苗不打！

對岸共產黨的黨中央是這樣信仰的：「人民就是江山，江山就是人民。」也就是要把人民放在心上。臺北這個大戶人家根本的政治問題，就是沒有把臺灣人民的利益和健康放在心上！臺灣的民主對他而言，除了他個人政治利益的算計外，無所不用其極，別無其他考慮！對岸的「人民民主」和「民主集中制」對他而言，也不例外。此人除了達成個人野心外，別無紀律，典型的「右派機會主義者」。

以人民爲念的共產黨當然樂於用法西斯手段，把他改造成姓「黨」，爲黨所用，讓他國進民退，事事以黨中央政策爲念，兩岸一家親，求仁得仁，「柯P」變「黨P」：臺灣人民會感懷共產黨的義舉，從此也樂於稱他爲「黨P」！

25.親愛精誠？這誤會可大了！

「親愛精誠」不是黃埔校訓嗎？那麼十多萬的薪俸，加上十八趴的優存，在國家財政困難的時候，挪些照顧收入僅三萬多的袍澤，讓年金制度不致解體，算是對國家一點報效，這有什麼不對？這難道不是夠親愛、頂精誠的嗎？

蔣老先生說，我們黃埔軍人，以打倒貪官污吏、腐敗的北洋軍閥起家（風雲起，山河動，這是革命的黃埔），卻被人當作另個「北洋軍閥」打倒，眞是奇恥大辱！

那麼流亡臺灣，改造後的國民黨，除了八二三炮戰時，令國人感念、犧牲陣亡的三位司令官外，炮火連天，浴血奮戰，與袍澤同生死共患難，夠得上國人尊稱爲「將軍」的，大概只有寥寥那幾位！還有在敵人炮火下，料羅灣搶灘補給袍澤而犧牲的士官兵；與米格機纏鬥，被敵人魚雷砲艇圍攻的楊字號軍艦（還記得那些老字號嗎？）而犧牲的英雄戰士嗎？他們若能復生，大概不會喊「反汙名要尊嚴」，他們所實踐的「軍人武德」，就足以光霽日月，自在人間，誰需要聚眾，喊口號？

今日，那麼多一級、二級的異類「將軍族」從何而來？對不起！淞滬戰爭，守四行倉庫的八百壯士和你們八百根桿子打不著，何止「正自有山河之異」，「軍人武德」也不同！令人悲哀的，倒是拉起的國旗和黨旗居然是一樣！今日號稱八百壯士團，要埋鍋造飯（養尊處優的他們，眞知道鍋怎麼埋？飯怎麼造？）誓言圍困代表「國家意志」的立法院兩個月，實在令人不知從何說起？國家是不是待之太厚，令他們不知今日是何世？

「只問國家能爲你們做什麼？不問你們能爲國家做什麼？」當然，冠冕堂皇的理由是「信賴保護」，「反汙名要尊嚴」。眞正的理由是不講的，倒是那位吃定國家的「大嘴」陳某某幫你們說了：「能撈就撈，能混就混。」爲什麼要讓我們先不開心！彼此間的差異，只在陳某某和受他「充滿生命」的言論「深深感動」，而「熱血沸騰」的黨國同志們，只會臉紅脖粗，哄堂大笑，居然不懂得唱軍歌，以壯行色，算是不小的遺憾！

陳某某誓言要把「把國家搞垮」，小國民們相信多數八百壯士們不會那麼喪盡天良。可憐最需要保護的中下級官士兵居然被長官們消費，充當火牛陣。保護中小級官士兵的利益，居然被長官們說成搞「階級鬥爭」，蔡小姐變成毛爺爺（中南海一定會抗議！）看來「親愛精誠」之說，只存在於當年「革命純真」的時代，硬要放之今日，眞是強人所難，大大誤會一場！

26. 柯白？柯綠？柯藍？柯紅？

柯市長本質是柯白？現在除了天眞爛漫的小朋友們，大人大概都不會這樣想。小朋友眼中，柯市長和藹可親，像是麥當勞叔叔的化身，滿臉笑容，陽光燦爛，讓小朋友不自覺地想起剛起鍋、金黃色發亮的薯條！

或許，大人們的「水準」會比較高，另有意見？我們可先要問問「白色力量」的諸先進英雄們：柯市長仍然是您們火線上的戰友嗎？以往，志同道合，革命感情豈止深厚，誰說歲月會改變一切？何況短短四、五年！陳菊市長說，要多多幫忙柯P，不能讓「白色力量」式微！

柯P需要幫忙嗎？人家自稱自己已經是「政客」，深謀遠慮。爲什麼還需要費勁地公開、透明，I Voting？即使手下的「不懂事的女生」也很會辦事，只要隱密，有什麼事不能喬，任務一定達成，成就一定比白色同志們更輝煌！——「白色力量」眞地走進歷史了嗎？怎麼沒有人挺身出來爲「女神」說幾句話？潮湧潮退，政客的柯P是唯一殘存的漂留物？

柯綠？當然也不成立。不需要民調，也知道綠營基層對柯P很「怨嘆」，好像三生不幸，遇到了老千，被騙得好慘。那麼柯P民調爲什麼老是那麼高？——其實，柯P自己心裡有數：他說，你要什麼樣的民調，他都可以製造出來給你，總算他開始有了危機感。柯P會惹綠營徒眾生氣，其實是自找的；例如說，他不以爲陳菊北上選臺北市長，對他是個威脅，他一點也不在意。總之，臺北市民的水準高（不像高雄市），因此會再選水準高的柯P！即使住在帝寶的連家大阿哥，也不敢如此造次、自戀！還記得三、四年前，連公子只穿著汗衫，挑個扁擔，滿頭大汗，還在街頭擺攤，唯恐被市民誤認他的「高水準」，把票投給低水準的老千！

柯P對民進黨不假辭色，笑罵自如，每天三頓，按時霸凌，難道民進黨患了「受虐症」，甘之如飴？臺北某些政治達人是如此分析：民進黨集體潛意識中，有個「國民黨不倒，臺灣不會好」的創傷症候群，揮之不去，午夜驚魂。因此，國民黨在臺灣歷史演化過程上，還是主要敵人，不管柯P的政治行為如此邪惡，還是要暫時屈居次要敵手。柯P瞭解這個症候，所以他會不假思索地，不時對民進黨嬉笑怒罵，捅你幾刀，取悅藍營歡心，厚植他的群眾基礎。國民黨也開始瞭解、警覺這點。文傳會名嘴們最近居然強調：誰說臺北市是藍白綠，三強鼎立，其實是兩藍一綠！

如果我們說柯軍是另類藍軍，柯P一定不樂意，那麼請問傳統另一股藍軍跑到哪裡去？如果白、綠、藍都不是，依據消去法，難道是紅的？柯市長且慢跳腳，生氣被人「抹紅」，太過分！小國民們暫時不論您的血親說、夫婦說、共同命運說，「柯紅」之說有何不對？「柯紅」很符合您的「延安意識」。

假如習主席想物色個臺灣代理人，配合他的新政，最重要的條件當然是要對臺灣新生代有足夠影響力。看看柯P網軍摧枯拉朽的實力，就知道他對新生代的影響，無與倫比，誰敢攖其鋒？習主席會不動心嗎？找個小地方，作個凡夫俗子，自由自在地過日子，安身立命，是多數臺灣人的心願，當然絕非英雄風流人物如柯P者，所願爲。千里冰封，萬里雪飄，大河上下，頓失滔滔，且看江山如此多嬌，引發多少英雄人物競折腰——好說，好說，人家氣象何止萬千！柯紅大英雄，那是你夢寐的世界，紅軍不怕行路難，千山萬水等閒看，祝你一路順遂，好自爲之！

27. 金光黨柯文哲

最能表達柯文哲「言僞而辯」的投機性格，莫如近日他訪問以色列時，所作的評論。

柯市長說，往年臺灣的義務兵役都在浪費時間，不像以色列的義務役，男女皆兵，不論三年或兩年，都可在服役期間，學習到新的科技，退役後都可自主創業。

大哉斯言耶！既然有怎麼好的 model 可供學習效法，是不是柯市長想向以色列學習，贊成恢復「徵兵制」？往事已矣，從新開始，臺灣新的二年義務役，「公民軍」，一定會大大的不同；從此臺灣由北到南，科學園區裡都有許多退役年輕族群創業。

支持恢復徵兵制？不要錯怪柯市長了！他大聲疾呼以色列的好制度，只是藉題發揮，評擊往日執政政府的不是，事情到此爲止；倒不是說他要爲國爲民，鼓吹、願意擔起建立類似以色列徵兵好制度的重責大任。

這就是柯先生的心性和政治話術：都是別人的無知，那麼他要「矯枉」，挑負起政治領袖的責任？你若這樣設想，你就太高估柯市長的政治人格。

柯市長是深於計算的政治人物，王某人可再舉近日另個案例。據臺北某媒體言，三月柯市長訪問美國，會到華府，不排除公開演講，談的題目可能是：自由、民主、人權的「臺灣價值」。請不要駭怪，這是柯市長慣有的政治詐術。

如果自由、民主、人權是普世價值，柯市長引以爲「生命」，不得不談，急著和自由民主人權的外國人士切磋，互相鼓勵，那麼我們要問：他怎麼對反民主、反自由、迫害人權的法西斯政權，諂媚輸誠，說這是夫妻床頭吵床尾和，兩岸一家親，命運共同體？民進黨政府在敵人脅迫下，買武器，保國衛民，就是「搶匪」，數千顆飛彈對準臺灣的敵人，就是「警察」，沒有人可以說得通這份道理！

臺北有政治達人會批評王某，你太與人爲善了，這又是柯市長的政治算計；三月蔡總統不是要再訪問中南美友邦嗎？國內期待蔡總統能路過華府，會比往年有更高規格的待遇，或許還可對外公開演講。柯市長先發制人，蔡到華府，伊也會到；蔡談「臺灣價值」，伊也會談，魚目混珠，以紫亂朱！

這就是柯文哲被稱作「金光黨」的主因，變來變去，沒有中心思想。所有「價值」之說，只是利益的權謀，政治的計算。

怪的是民進黨內部到現在才有所覺悟，有個戰略決定，把柯市長視作「敵人」。即使到此時刻，還是有人爲他說項緩頰，強調若把他視作敵人，打柯，伊會越打越旺；何況投柯的淺綠選民，也回不來了！

柯市長曾夫子自道，在伊身上發現不了利益的人，就會離伊遠去，棄職潛逃；發現伊滿身利益，就會有人帶槍投靠。舊的去，新的怎麼不來？看看有些民進黨政治人物，不是如此？有人還已經「托孤」了！這不是背叛自由民主人權的「臺灣價值」，又是什麼？金光黨柯文哲大行其道，事實上，也沒有什麼好吃驚的！板蕩知忠臣，禮失求諸野，歷史是不能預測的，爲自由民主計，淺綠的選民未必如「肉食者」一樣鄙陋，不知廉恥！

28.柯P說：這位哥倫比亞大學博士的智商只有70！

柯P說：「這位哥倫比亞大學博士的智商只有70，怎麼可以擔衛福部官員？」媒體很好奇地就問：「那麼他的長官，部長大人的智商呢？」柯市長哈哈大笑：「我會很忍耐，我不會說出口！」

這幾天，臺灣人民都在猜測部長大人的智商到底有好幾？有人說一定是70多，夠聰明，還不夠聰明，才會任命智商70的當他的重要部屬；也有人說部長的智商一定低於70，勉強60多，才會「慧眼識英雄」任命個70的，當他的發言人！

那麼臺灣許許多多的公民，尤其是臺北市民，一定很好奇：我們在柯P心中，到底智商是多少？

這倒是不難猜測，我們的智商一定低於60！

理由很簡單，因爲大多數的我們都會很聽話，準時下午二點鐘，收視或收聽智商70的團隊告訴我們：今天確診多少？往生多少？境外移入多少？你只能外帶，不能內用，夜市不能邊走邊吃，保持社交距離；要戴著口罩唱歌、跑步、爬山；不要忘了勤洗手，趕快預約打預苗；有疑問，快打……。

柯市長當然相信你我的智商只有60，沒能力自創一套理論，自主管理，只能聽別人的，哪能和他的智商157相比？才會認爲他當市長的成績是全國倒數第一和第二！柯市長一說出「柯P理論」，事實就會跟著來；事實不來，那就是臺大醫學院教授們用錯教科書，當年教錯他了，和他無關！

因此，理所當然，智商157的要義不容辭，2024年當智商60的總統。競選總統就像參加「大專聯考」，優勝劣敗，有何差異？什麼「有德者居之」、「大位不能以智取」，什麼「全人理論」，都是P話！

一切都以「實力」爲原則，我的智商157就是我的實力！你若是不服氣，就再參加一次「大專聯考」，來和我比試比試。可惜，聯考已被取消了，都是「智有所短」一群人的陰謀，要不然天地哪容得下智商60和70的物種！

29. 臺灣有這麼樣的一位市長！

臺灣有這麼樣的一位市長：他的市政滿意度比較於同儕，年年不是倒數第一就是倒數第二！

照道理有如此滿意度，當市長一定很羞愧，多方深刻檢討，到底他的施政是哪裡出了問題？他倒是不以爲意，因爲他相信選民的資質不高，選民看不出他施政的絕妙好處，尤其是新世代的選民，在他眼裡個個像是「剛破殼的小雞」，哪足以和他與聞大義？

因此，有鄰居天天惡言威脅，你我心存恐懼，向朋友付款買武器，在他眼裡你我就淪爲「搶匪」；威脅恐嚇你我的惡棍倒變成維持治安的「警察」，你我要跟他們「一家親」、「床頭吵床尾和」就像恩愛恆常的夫妻，有共同的命運。

你我一開始被其所謂的高智商、高等學府所眩，認爲他那麼聰明一定學有所本。2024 年總統大選，當然歡迎他參選，眾望所歸。不幸這幾年來，察其言觀其行，久而久之你我經驗多了，開始懷疑你我是不是碰到了一位口舌便給、能說能唱、翻雲覆雨的老千？

你我一有戒心，從此對他的言行，上下比對，遠眺近看，越觀察越覺得破綻百出，前言不對後語。老千一看苗頭不變，急忙改變他的戰術，不再說別人如何壞，他如何好（誰肯再相信了？），而是把某位重磅人士推出來，張冠李戴，借力使力，消費消費！

老千是這樣說的：有人只肯把事情做到 2024 年，不管 2025 年，把事情搞砸了，2025 年誰出來收拾殘局，都會很辛苦！這可不是此位老千妖言惑眾，而是某士林典範說的，他只是引用而已。老千只是說某小姐和他的徒眾，能騙就騙，一騙再騙。2025 年的殘局，只有他認命，鐵肩挑起道義，眞正的老千是別人，他是「正人君子」！

那麼「八大疑案」呢？尤其是那顆大大的蛋，怎麼解決了？你的分身和那位刑案纏身的大建商如何密謀而取得共識，要市民吞下那顆蛋！要是吞不下去，擱在喉嚨裡，上下不得，怎麼辦？是不是也可引用某小姐，我市長只作到 2024 年，2025

年你們的喉嚨干我P事！

那麼「恩愛夫妻」呢？會不會如某教主所說：武大郎和潘金蓮寒夜同眠，共蓋一條被，頭齊腳不齊，腳齊頭不齊——如何床頭吵，床尾和，命運共同體？良人乃你我寄望終生者，到底誰會理你？

30. 柯P說他是漢高祖，開創天下之人！

柯P對某藍營媒體言，他是漢高祖，開創天下之人。

原來習主席所說的「漢唐盛世」是要從臺灣開始。開創盛世的是「（中國）民眾黨」，不是「中國共產黨」，新的高祖皇帝名叫「柯文哲」，不是「習近平」！

抗戰末期，毛澤東還在陝北窯洞蹲的時候，對來訪的青年黨領袖左舜生說：「蔣委員長深信『天無二日』、『民無二主』，我毛某人不信邪，會造另個太陽給他瞧瞧！」

歷史證明，毛澤東說到做到。習主席您可要當心了，因為臺灣有人立志要開創天下，當個漢高祖，東方可能會有另個新太陽。

人家可沒有說他只要當「臺灣的漢高祖」，「漢高祖」名諱自古以來就屬於中國的，他說的當然就是「中國的漢高祖」；而且他所說的「開創天下」當然是指中國天下，臺灣人民氣度狹隘，不會有人會說臺灣天下！

此人可是毛主席的私淑弟子，或是螟蛉子，到過延安朝聖好幾次。毛主席的傳奇，他亦步亦趨，多方學習。紅軍不怕行路難，萬里江山等閒看；他呢？雙城萬里鐵馬行，落山風雨我不怕！

他好讀兵書，專精的是准海四大戰役，據說軍事謀略無所不曉，當然運用在臺灣的小小政治生態，所向無敵，藍綠披靡，實在辜負他的天才，就像拿破崙若只能在他科西嘉島求發展，不是暴殄天物，算啥？小廟容不下大菩薩，此子天生有異骨，立志要當中國的漢高祖。

漢高祖怎麼容得下楚霸王？因此臺灣藍白陣營豈止要合，而且要由民眾黨併吞國民黨，成其大，才算天意。柯郎天縱奇才，若能此，你我只能說柯爺誇出二千年未有之一大步。下一步當然是兼併中國共產黨。

國民黨百年大黨，人才濟濟，怎麼沒有看出柯郎開天闢地的潛能？怪不得他說臺灣人民資質平庸，臺灣新生代有如剛破殼的小雞仔，需要偉大人物領導！藍色媒體聽到柯郎的夫子自況，不知道是該笑？還是該哭？笑的是，此人夜郎自大，目中無人，恰如「三高」的臺灣人；哭的是藍營天天講中國，歷史文化博大精深，怎麼藍營會沒有培育出這樣的「大物」！

國民黨怎麼沒有想過：中國國民黨有了柯文哲當家，若再能主政臺灣，放眼大陸，國民黨就會有偉大新生命。推翻滿清、北伐、抗日、剿匪，又算啥？下一次的淮海戰役勝負未可知？習近平的「漢唐盛世」，接下來就是黃珊珊的「文景之治」！柯爺您說是嗎？

31.「兩情相悅」的判決？

補教狼師誘姦事件，檢察官以「權勢性交罪」罪證不足，予不起訴處分，此案始終沒有人提出告訴，那麼檢察官的結論就是定讞了。意指某狼師沒有藉權勢，強迫性交，遑論誘姦之說。此事官方結論就是「兩情相悅」、「因愛生恨」、有人患憂鬱症，想不開，就如此這般結案了。有刑法學教授說，只要有刑法皮毛知識都知道判決結果會是如此！更有律師說，道德歸道德，法律歸法律，不要再浪費司法資源。某人還打算開記者會，志得意滿，舉國皆曰可殺，又怎麼了？——兩情相悅嘛！

小國民們，雖然刑法學知識薄弱，忿忿不平之餘，還是不信邪，不怕公理喚不回！那麼就算法律就歸法律吧！難道即使是法律面，不能再做繼續做點什麼？

這個事件的法律結論會如此的不堪，令社會失望，證據的搜尋，有兩大敗筆：

一、依房思琪小說的描述，應有其他受害的第三者（們）。就是沒有人願意出來指控。只要有人，某狼師就會是累犯、慣犯，少女們被騙取的愛情，即使一時是眞實，「兩情相悅」絕不能做為判決的依據，因為狼師一開始就處心積慮，情愛只是幌子，採花才是實情。房思琪只是日後發現原委，而不是「因愛生恨」。抄寫的情歌是不相干的證據，狼師陰暗的心思，才是調查的重點。檢方應有線索，往「第三者」們的方向努力，而不是僅限於「房思琪」！

二、檢方努力的，有另個缺憾。舉個最機械、平板的事例，就容易明白：有個交通事故，兩造當時和解。事後多年，某方發現車禍造成腦內微血管極度緩慢的滲血，血液緩緩地融化腦細胞，令他精神受到傷害，不知如何處理異了樣的生活。這才是檢查的重點，而不是車禍當時，雙方是不是兩情相悅達成和解。以美國波斯頓某教會神職人員性侵青少年案件為例：偵查起訴的重點，不在神職人員當時具體做了什麼動作，而是對青少年做了這些動作後，多年後青少年如何在他們成長，和成年的人生造成什麼樣的困難和傷害。

有多少狼師披著藝術的風華、文學的美麗，令清純對世界充滿幻想的女娃們情不自禁！藝術展覽、古典音樂會場一定是約會必要的場合。「你的美麗是世人的公產，我只是卑微地要求屬於我的那一小部分。」等到蓬門自始爲君開，讓人予求予取，多年後覺醒才知道自己付出了什麼？

在房思琪多年後回憶的書寫中，有夠清楚的描寫：

他的東西在體內的抽送，好像把她的生命抽出來。她明白她的生命被抽空了，掏走了！房思琪不是尋常的女子，人生總有第一次，但這不是她要的第一次。隨後的日子，她瞭解因自己的無知無識，她白璧無瑕的身體被個老練庸俗的採花賊污損。男人居然心中說，這個女娃眞賤！被人欺負了占了便宜，居然還不知道哭泣！這是很殘酷的描寫？房思琪不能把自己的悲慘遭遇，視作一時飛入眼內的沙塵，只會是一日長短的淚水，生命的光明將會回來！就像是白潔無瑕的衣服沾了污泥，她拚命地搓，拼命地洗，污痕越擴越大……

也像是卡夫卡似的形變，一位十六、七歲的女娃，一朝醒來，變成四五十歲的熟女。三十多年的青春生命不見了！她不能像其他的少男少女，摸索他們的情愛人生，痛苦、甜蜜、歡笑和淚水、紅色玫瑰和美酒，這是令人身心發熱的季節，summer time，發燙的沙灘、藍色的大海，那年我們剛巧相見，付出和占有，後悔和期待，誰說明天的人生不會更美？總有更好的年輕男人在等待！

這些都不再是二十歲上下的房思琪所能想像和期望的。她只能以世家才女的張愛玲、山河歲月的胡蘭成相比擬。我付出那麼多，所得也應該是豐盛富饒。很快，她發現那位「老師」與胡某相比，只是個猥瑣的贗品。她當然還不是才情的張愛玲。但是不論自我如何渺小或偉大，成功或失意，沒有人能依付他人生命的光華，取得自我的解脫。最後，她只能努力孤弱地尋找自己的靈魂，以求救贖。她只能攀爬人類受難的歷史，來說服自己的痛苦並不是那麼徹底和無望。

奧斯維茲集中營的女囚犯爲了抑制飢餓，隔著鐵絲網，用自己的身體換取獄卒乾麵包碎片，爲的是自己能多活幾天。即使那麼的幾天也不是自己能肯定擁有，誰說下次瓦斯室的「淋浴」，會是排隊偶數號向右或向左轉的，奇數號向左或向右轉的？誰能預測俄羅斯輪盤？相較之下，她還有自由，陷溺在自己遭遇的輪迴，回憶和書寫。自己得承認這些有關自己災難、痛苦的書寫是褻瀆！她只希望靠著這類書寫，能令人間另一個房思琪能脫逃野獸的呑噬！

事實上，房思琪無需在虛無、無神的存在世界掙扎。托爾斯泰《復活》中的那位世家年輕貴族，誘姦了家中僕役的女兒，若無其事地到莫斯科就學。少女懷孕了，她說不出口這是誰的種。莊園上下都認爲她行爲不檢，趕她到外頭冰冷下層的社會。幾年後，青年貴族在官僚世界扶搖直上，貴爲帝國尊榮的法官，終審一位犯了謀殺罪的婦女。審判期間他發現犯人竟然是當年他年少輕浮時誘姦的少女，他也知道他的「私生子」承受不了外頭世界的寒冷和飢餓，即使母親無私竭盡一切的照顧……審判者要面對自我良心的審判……故事如何了結？

或是契珂夫的《海鷗》戲劇中：小城鎮裡那位有天分的年輕作家，和一位青梅竹馬美麗的戀人，有一天家裡有個來自莫斯科頗有名氣的藝文界人物，少女就在藝文名師的蠱惑下，相信自己是有天分，就移情別戀，隨著名師往莫斯科戲劇界發展……幾年後，年輕作家作品受到賞識，聲名鵲起；而美麗少女在莫斯科的發展不如人意，和藝文名師的婚姻破碎，淪爲小劇團中的女伶，隨著劇團在大小城鎮演出，終於回到自已故鄉。現已成名的作家面對天涯淪落的往日情人，她說她仍然相信自己的天分，這只是一時的失意，終究她會回到莫斯科成爲萬人矚目的名伶！就在她再離開的次日，年輕作家舉槍自盡，因爲他已看到情人最終的下場。人的命運有如自由飛翔的海鷗，受到人類毫無來由的射殺！

這世界就有這種自省負責和一往情深的高貴男人。假如現實人間難尋，爲何不能在自己的文學世界裡創造出來？這是上天給房思琪寫作天賦的用意。對於慈愛的雙親、情深的丈夫（他告別悲哀的淚水是眞實的），還有那爲你抱不平、痛心的同胞。房思琪不只是她的書寫，她褻瀆了上天的美意！人間有多少人具有房思琪的寫作能力，上天的恩寵只是爲了挽救另一位少女不受猥瑣膺品的蠱惑而淪落？——房思琪，你把自己的責任看得太輕微了！魂魄歸來兮，房思琪，魂魄歸來兮！

32. 韓戰與蛋炒飯

中國抗美援朝的愛國戰爭大劇作《長津湖》，十月一日國慶長假上映後，據說賣座盛況，前所未有，票房達四十一億人民幣。

不過引人注意的倒不是為國犧牲，在嚴寒氣候下，數個連隊的戰士們身穿單薄寒衣，個個被凍成冰雕，動天地而泣鬼神的故事，而是勾起塵封多年，毛澤東兒子毛岸英為國壯烈犧牲的前因後果。

毛岸英是怎麼犧牲的？中國民間的傳說：在解放軍的司令部當參謀的他，夥同幾位戰友，用北朝鮮友軍贈送的雞蛋，燒起蛋炒飯。天寒地凍下，熱氣往上衝，白煙裊裊，美帝的戰機發現，這還得了，機不可失，重磅的炸彈就跟著下來，毛岸英就此為國犧牲，得年二十八。

中國民間獨立特行的人士，揶揄岸英烈士，不言其名，而以「蛋炒飯」稱之。「蛋炒飯」其人其事，瘋傳網路，中共有關當局怎容得下如此侮辱英烈，妖言惑眾？妄言者當然被帶往有司詢問，繩之以法，看來禍從口出，幾個月的牢獄之災，是難免的！

知識分子臭老九的言論，惟恐天下不亂，可暫時不議。我們倒可聽聽岸英烈士的父親毛澤東是怎麼說的？毛主席說，新中國建立，犯了三大錯誤：一是「改國號」，二是「參加韓戰」，三爲「反右鬥爭」。

如果毛主席承認「參加韓戰」是件重大錯誤，那麼岸英戰士和數位戰友，享用的那份蛋炒飯，付出的代價實在太大了！孔夫子說：「始作俑者，其無後乎！」孔夫子似有先見之明。要不是中共中央犯了錯誤，抗美援朝，毛岸青同志怎會如此犧牲，肝腦塗地，難言其慘？

如果參加韓戰是個錯誤，殷鑑不遠，那麼爲何再拍個「抗美援朝」巨片，鼓動十四億人心進入戰時狀態，再來個「抗美援朝」的進階版？

但不管如何鼓動，如何美化歷史，片子拍的動人心腑，難以自已，「抗美援朝」的初級版和進階版有很大的不同：初級版的毛岸英必須接受徵召，勇赴沙場，對抗美帝；而進階版的「毛岸英」們不是留學美國，以美帝為師，更甚者，落籍生根，以美國人自豪，想要當個當年的「蛋炒飯」，說來實在不容易！

33. 抄襲96%不可接受，那麼抄襲100%呢？

國民黨江主席說：「論文抄襲96%不可接受。」那麼抄襲100%呢？什麼是抄襲100%呢？當然就是把人家的論文，從第一章到最末章，一字不改，只把原作者的大名剪掉，掛上自己的大名；例如說，人家原作者姓「章」，改成姓「蔣」，就是一例。

事實上，這不只是100%論文抄襲，而是更嚴重的「身分偷竊」（identity theft）。如果偷的身分是販夫走卒，也就算了；但牽連的是國民黨士家豪族、政治典範、新生代的明日之星，不管對黨內同志，黨外政敵，事情就可以大到不可收拾。只抄襲一篇論文96%，名不見經傳的政治小明星，就可造成近日這樣的風暴，令國民黨中央幾乎仆倒！

何況當事者是歷史大人物，白紙黑字，說得一清二楚：他只有嫡系，無所謂旁門，怎麼生後冒出個非婚生的雙胞胎？一位堅信姓蔣，政治積極有爲，名正則言順，政壇有所成就；另一位堅信姓章，以學術教育爲重，有讀書人的骨氣。如此涇渭分明，到底是清者自清，還是濁者自濁？這種公案令人民好奇。其中有沒有蹊蹺，政治人物有沒有不可告人之事，這可不再是國民黨內家務事，或是「祕聞」之談，國民黨有責任釐清，莫讓國民知的權利有所缺憾。

可憐的是第三代，令人同情。爸爸說你姓蔣，你就姓蔣，爲前途計，父命難違，委婉書生，卻要當個橫刀壯士！另外個堂兄弟，爸爸說你姓章，你就姓章，爲人坦坦蕩蕩，仰俯無愧天地，富貴有如浮雲，誰記得章家還有位漢子？

美國開國元勳傑弗遜總統和黑奴家僕有染，有位私生子。近二百年以後，傑弗遜家族接納數十名黑臉孔的堂兄弟姊妹，靠的是DNA。人家的孩子就是人家的孩子，空穴未必來風，捕風未必有影。誰敢說無風不起浪，只要有DNA的驗證。

在臺灣政治人物要更上層樓，一定要經過選戰的焠鍊，選戰是殘酷的，祖宗八代一定會被翻出來檢視。不想接受民意檢視，只能看「政治任命」，趙孟可貴之，趙孟可賤之，沒有廣大民意的認可，發展一定有限。

如果國民黨中央想推出「蔣公子」競選 2022 年臺北市市長，來日再更上層樓，DNA 檢測是必要的，從此大溪謁陵也會特別有意義。不然蔣公子的頭頂上一定烏雲密佈，選戰一開打，誰說不會是暴風雨來臨的前刻，不管來自黨內或黨外的敵手。

蔣友柏君爲家族計，您是否該考慮給您「堂兄弟」的 DNA 測試，給予援手？全國人民怎能樂見此事有「以紫亂朱」的可能？家門祖風不可不保衛！蔣家幸甚！祖宗幸甚！

34. 馬英九又去頭寮謁靈了！

今天一月十三日是蔣經國忌辰。馬前總統前往頭寮陵寢致意，報告中國國民黨四大公投、補選、罷免諸選舉都失敗了。據媒體報導，馬總統祝禱：「全黨同志要團結一心，認眞檢討，徹底改革，立即行動，振衰起敝，中國國民黨加油！」

令許多國民納悶的是：蔣經國的忌辰，多重大的日子，只有馬前總統帶著幾位不是什麼樣的咖，前往致意，其他國民黨檯面上的大人物們和準備今年選舉衝刺的「選秀」人物們，怎麼都不見了？

怎麼他們都不需要經國先生英靈的保佑？連姓蔣的孫孩輩也不在意，也不出現！是不是「我思故我在」，大家都想作自己？爭奇鬥豔，哪需要經國先生「反共」、「堅守民主陣營」遺訓的庇護？

細數且明列今日國民黨各大門派的立場，例如說：孫文學校的總校長，人家已經找到中山先生「聯俄、容共、工農革命」遺教的原始精髓，只要從孫中山作起，哪需要經國先生的「反共」和「堅守民主陣營」？

又例如說：韓流教主已經發現國民黨在臺灣「振衰起蔽」的祕訣，就是發揚臺灣社會的「階級對立性」來沖銷「族群矛盾性」，身體力行，收穫頗豐，令人側目相看，國民黨哪需要「徹底改革」？

再例如說：有人是「革命乃是宣傳與武力」的忠實信徒。今日除了中國大陸外，沒有太多國家相信「槍桿子出政權」而崇拜武力。武力不合潮流，搞革命雖然還需「宣傳」，但不能再靠「武力」，只能靠「戰鬥意志」和「戰鬥性格」。假如能把戰鬥意識融入宣傳中，意志集中，力量集中，立即行動，美帝就是紙老虎，中國國民黨哪需要加油？

國民黨最後一派則是「我思故我在」、「天聽自我民聽」，以人民的福祉作爲最終思考。可惜的是這一派異類，不容於傳統「黨國意識」形態中；若要自行其是，發揚光大，就有被誣爲「藍皮綠骨」，李登輝第二，被萬箭穿心，肝腦塗地，誰不害怕？

所以，馬前總統期待的「全黨同志要團結一心」，看來絕不容易。「一心」就是經國先生所耳提面命的「反共」和「堅守民主陣營」。馬前總統你在去頭寮謁靈前，又沒有先問問各個山頭的親愛精誠的同志們，假如經國先生上天有靈，問起您「一心」來，您該怎麼回答？

35. 國民黨變小三？

最近有一份民調顯示，民眾黨的國民支持度達12％多，而國民黨只有14％多，民調警告：國民黨再不努力，可能會淪爲「小三」，民眾黨將一躍而成爲第二大黨。

國民黨當然不以爲「死亡交叉」近了，無奈河邊就在眼前，他們心安理得不怕被「勾魂」；他們深信媒體所謂民眾黨後來居上，國民黨淪爲「小三」，不是杞人憂天，就是居心叵測的假新聞。

理由很清楚，民眾黨領導人的性格有如「九宮鳥」，吱吱喳喳，自以爲什麼事他都有一套的獨立見解，舉世混濁我獨清，天生吾才必有奇用；例如說，別人不辦跨年晚會，我偏要辦；阻止我會不辦的唯一理由，就是別人都要辦，我被迫不得不辦。君子不群，何況曠世奇才！政治學達人們不是說：任何政治動作都要有張力，要語不驚人死不休，衝起音量，三千寵愛才會集一身——原來年少輕狂的新生代嗜好此道，黨魁大人當然極力投其所好。

可幸，「破殼小雞仔」長大成人，資質不凡，「導師」只是童騃時期無甚見解時的投射，天下哪有永恆的師傅？萬物在變動中，何人可以不接受時間的考驗？不幸地，有人一路走來，判斷失眞，被人發現他所標榜的「白色」原來不是「原色」，而是紅橙黃綠藍靛紫的混雜，沒有中心（頻率）的思想：膾炙人口多時的國王新衣，在分光鏡下，原形畢露——只是居心叵測、各黨各派雜湊的白色。

有人說，夫妻床頭吵，床尾和，「良人」乃吾人仰望而終身者；別人是警察，我們是搶匪；我們時時挑釁，是麻煩製造者；香港民主人士的「五大訴求，缺一不可」是痴人作夢，黎智英、周庭、黃之鋒、何韻詩的麻煩是自找的。爲什麼不多多向P教授學習？香港變亂自然迎刃而解。

有人要是說溜了嘴，出了亂子，「理智」或是「科學」上，當然都是別人的錯——所謂別人，可以上至總統，下至自己僚屬、基層公務員，無遠弗屆，都是別人誤了他。再不行，也有「家內」三個女人作爲他的救援投手，悲情動員，內舉不避親，女生怎麼不能上第一線？國民黨當然相信，這種政黨領袖怎堪大任？人民的眼睛是雪亮的，面對此政敵，何懼之有！

可是人家民眾黨可有百分之十二多的政黨支持率，到底從哪裡冒出來的義勇軍？是不是國民黨禍起蕭牆，有人祕密倒戈？——國民黨當然不作此想，他們一定相信，百分之十二的多數一定是來自綠營：只有無知無識的綠營徒眾，才會選擇這號人物。不久以前，民進黨的策略家、理論家不是這樣說過：民進黨被P過的徒眾回不來了，而且還會有外溢效應！

所以，國民黨肯定他們的百分之十四多是貨眞價實，童叟無欺；而民眾黨的百分之十二，顯然是有些無知無識綠營徒眾，盲目的跟隨！

如果國民黨相信的事實是如此，我們可要爲他們捏把冷汗，只靠百分之十四，形勢逼人，國民黨如何征戰2022？難道要再來個「毋忘在莒」？以美帝爲首要敵人，組織個「美牛、萊豬」的火牛陣，必能成其志業，光復失土。那麼眾人不禁請問，誰會是國民黨的田單？侯友宜？江啓臣？朱立倫？蔣萬安？韓國瑜？連勝文？還是剛割完眼袋，耳目一新，顧盼自雄的馬英九？

依據共產黨的說法：量變才能造成質變，才有翻盤的實力。國民黨若要量變，要從百分之十四，脫穎而出，除了刨掉民眾黨，找回淺藍、中間和反美勢力，才有賭一把、翻盤的機會。國民黨家大業大，官二代、富二代、名嘴二代，有飛龍，也有泥鰍，族繁；更有自認是經國先生傳人，或是進不了祖譜、私淑的庶子庶孫，苗紅而根正者多矣，哪有可能和人結盟「分食」？前年，可以拿出數億元郭大員外如何被國民黨利用、挾持，可爲殷鑑。試問臺灣有多少人可和郭員外比錢多多？民眾黨主席，除了一張嘴外，到底身上能有多少毛？

因此，2022 年期中選舉，民眾黨和國民黨彼此間必須有顯著的消長，這是兩黨的宿命。國民黨當前要務是能讓藍營大團結，令淺藍、中間和反美勢力者歸隊，以民眾黨爲首要敵人，摧毀之。

國民黨若不想變成小三，2022 年只有令民眾黨泡沫化，2024 年大選才會有擊敗民進黨的勝算，爲來世開太平！從今日起，國民黨同志們集會，朗誦中山先生遺囑時，不要忘了，彼此要再三砥礪「革命尚未成功，同志仍須努力！」——可不要只會像某退將，立正站好，聽別人的訓，接受別人的史論，雄壯威武唱起別人的「起來！起來！不願當奴隸的人們！」

36. 國民黨內有「暗獨」？

對岸官媒某學者稱，國民黨內黑暗處潛伏台獨，此類可稱其爲「暗獨」者，對祖國統一大業的殺傷力，比民進黨的「明獨」更可怕！此言聳人聽聞，言者爲求昭信，更指名道姓地說國民黨的林維洲和陳以信就是他所說的「暗獨」。

林、陳兩君子遭此「無妄之災」，國民黨中央會如何處置？是不是空穴不會來風，送考紀會處理？或是此說捕風捉影，察無實據，謠言止於智者？……萬一《環球時報》，或是國台辦，狂風暴雨似地跟進，眾口鑠金，量變造成質變，國民黨中央要怎麼辦？

陳以信委員即時自我澄清，說他是親美又親中，不是反華，更不是台獨。陳委員顯然搞不懂中共的政治語彙：親美就是反中、反華，中美當權鬥爭，非楊即墨，敵我分明，哪有和稀泥的空間？你搞你的親美和中的「語言統一」，我要的是「靠邊站的矛盾」。顯然你是死不悔改的親美派，和民進黨的台獨當然是同路人，沒有兩樣，說你是「暗獨」，有什麼不對？

既然陣以信委員，已經「自我審查」，林爲洲委員看來也不得不跟進。你我臺灣小公民們，不請自來，可以當個林委員的顧問，草擬一份可以令對岸官員開心的說帖，如下所述：

沒有錯！我林某人一向支持把「中國國民黨」改名成「臺灣國民黨」。把「中國」改成「臺灣」，只是實事求是，承認「中國國民黨」只是「臺灣省的國民黨」，誰在中國當家，我們就遙奉其爲「正朔」，「臺灣國民黨」就是他們的省黨部。

怎麼說這是反中、反華，反祖國統一大業呢？事實上，「中國國民黨」改成「臺灣國民黨」，才可能在大選中獲勝，以美帝的民主，顚覆且打敗美帝的民主，這正是兩岸統一神聖時刻的到來，怎麼說我是「暗獨」呢？應該稱我是「暗統」才對！

兩岸有太多人，不論是中國國民黨和中國共產黨，不明事理，陷害忠良。有天終會徹底覺悟：中國國民黨改名成臺灣國民黨，才不會頭重腳輕，顚沛難行，被

「匈奴」追趕，一路喊打！才可能獲得臺灣人民的信賴，贏得臺灣大選。臺灣國民黨才可能升等爲「中國共產黨」的臺灣省黨部，這叫作「廢藩制縣」、「大政奉還」！

誰說國民黨內有「暗獨」，應該說有「暗統」才對。反對中國國民黨改名爲臺灣國民黨的人士，陷害中國國民黨淪落成「萬年在野」，統一遙遙無期，才是居心叵測的「暗獨」，林爲洲、陳以信委員，您們說是嗎？

37.那麼，誰是「西門慶」？

某大爺說，民進黨的「英賴配」，是武大郎與潘金蓮蓋一條棉被，頭齊腳不齊。

武大郎是何種男人？一大早就磨麵，作炊餅，挑著擔子，大街小巷，吆喝叫賣，烈日烤炙下，一定黑黑瘦瘦的，人間的「苦民」，典型的「庶民」，努力的是為他的家和他美麗動人的妻室，對其妻的要求，言聽計從，百般呵護，這是何等男人！居然只是因為身材不夠「頂天」，落人口實，遭人嗤笑，被人設計陷害奪妻。法蘭西人有沒有笑拿破崙的五短身材？高挑的約瑟芬會笑他的「矮子崙」嗎？

某大爺不是一向指天劃天，指證歷歷，指控民進黨的政治人物，都是白白胖胖的？說的眞不錯！被指認的賴姓某人家，確實長得方面大耳，白白胖胖的。用「武大郎」來影射他，東看西瞧，確實不像，可見比喻非當。是否吃香喝辣？黨同伐異，見仁見智，哪類人玩哪類的把戲。據說某大爺曾開多年破車，賴某人曾穿「開心果」的運動鞋，奔走選戰，感動人民，這如何比較起？何況兩者不久前還惺惺相惜，各以不同顏色的「令狐沖」互相標榜，百年難見的奇才，期待揖讓而升，作君子之爭。怎麼還沒多久，有個「令狐沖」，被另個一「令狐沖」看成「武大郎」了！

這位大爺倒是開了《金瓶梅》的話題：既然武大郎的隱喻，難以令人信服，引起眾人推論興趣的，反倒是《金瓶梅》的人物中，誰比較像是「西門慶」？

談到這位西門大官人，當然要從吃喝玩樂、嫖妓、玩女人開始。如有好貨，愛不釋手，先姦後奪，納入後房妻妾中。《金瓶梅》作者笑笑生，在書中第九回對武大郎遺孀潘金蓮，西門大官人的新收藏，有精彩的描寫：

（大房）吳月娘在座上定睛觀看，這（潘）婦人年紀不上二十五六，生的這樣標致。但見：眉似初春柳葉，常含著雨恨雲愁；臉如三月桃花，暗帶著風情月意。纖腰嬝娜，拘束的燕嬾鶯慵；檀口輕盈，勾引的蜂狂蝶亂。吳月娘從頭看到腳，風流往下跑；從腳看到頭，風流往上跑。論風流，如水晶盤內走明珠；論語態，似紅杏枝頭籠曉日。看了一回，口中不言，心中暗道：「小廝每家來，只說武大郎怎樣一個老婆，不曾看見。今日果然生的標致！怪不得俺那強人愛他。」

小說中的「圖畫人物」會不會在現實世界中出現，人間的假「西門慶」們，或許已經有了潘娘，怪不得有登徒子，迫不及待，十指交扣，不畏人言。小說中的主人翁「西門慶」，落入世間，到底誰才是幸運而且相似的事主？由人的行事和語言風格，或許也已經有了公認。至於潘金蓮娘娘，小說中她多彩多姿的男女「行爲」，是社會史學家興趣所在。我們只能討論她的「心術」，到底世間人物有誰能夠格和潘娘娘相比較？讀過《金瓶梅》的讀者，有人會「笑而不答」，有人會「掩卷嘆息」！

38. 韓總的五枚核子彈

韓總前幾天說，「老大哥」有五枚核子彈頭，準備引爆傷害他。看來韓總的三隻穿雲箭，不敵五枚核子彈。要更是巡弋飛彈型的，可以穿窗而入內室，準確無比，叫韓總如何不戒慎恐懼，早先發佈警報，預作防空演習？

坊間名嘴傳聞，上週他們聽到的風聲，會引爆的「核彈」，倒不是這個禮拜沸沸揚揚的七千二百萬的「臺肥豪宅」彈，而是另有其他。怎麼東邊飛來的飛彈，變成從西邊闖入？名嘴也不知所以然，不過來日至少另有一枚待發，看來可能會是實情。

「老大哥」是誰？這一週好像又沒有美國軍艦路過臺灣海峽，水兵不小心，壓錯按鈕的可能。不管如何，放出的「飛彈」，不管來自何處，總不便叫它回頭；即使如此，巡弋飛彈怎麼會找上韓總，可見「程式」早已設定，目標不言而諭。怪不得韓總心有餘悸地說：「共有五枚。」來者不善，善者不來，也難怪天不怕、地不怕、要征服宇宙的韓總，也不再嗆說：「放馬過來，恁爸等你！」

「老大哥」的飛彈，應該是針對「遼寧號」等級的，要不然就是已經生產的飛彈數目太多，韓總才三生有幸，也分配到五枚。有此「待遇」，雖然命運慘苛，求仁得仁，與有榮焉？

有人會說，雖然宿命如此，和平不到最後關頭，絕不輕言放棄。韓總還不敢那麼「大尾」，翻開底牌，義正辭嚴對嗆：「他奶奶的，恁爸等你！」要是他可以那麼大尾，也不會副總統人選一宣佈，就急著派其訪美，用「善後張」當槍手，爭取「補考」和好的機會。再怎麼說，「老大哥」還是比放追蹤器，阻礙他舒舒坦坦地尿尿的本國「國家機器」可怕！

那麼五枚核子彈是何種級別，大家當然都急著瞭解，也都很好奇韓總的「獨得之祕」來自何方？是另個強權告訴你，警告你和旺旺集團，「飛彈」可能來襲，要多加保重？不要挑釁，被人家視爲形同另一位委內瑞拉的獨裁總統。祖國泥菩薩過河，自身難保，香港問題，焦頭爛額。

這一週，會不會「老大哥」又派神盾級巡洋艦巡行臺海，又要藉著《壹週刊》的「黑色星期三」，再引爆另一枚核彈？會不會是個「空包彈」？韓總請趕快再洩露一下，全民又好奇，又開心，這世上到底還是有人治得了某個痞子集團！

39. 怎麼可以不唱〈夜襲〉了！

14日岡山大會戰，怎麼可以不唱〈夜襲〉了，不是要振奮軍心嗎？一鼓作氣，一定要憋下氣，如果到時唱起〈黃昏的故鄉〉、〈快樂的出航〉，許多人會好奇，韓爺您要去哪裡cruise了？

韓爺說民進黨不讓他唱〈夜襲〉，他偏偏要唱，眞是軍人本色、豪氣干雲。到頭來，怎麼不唱了？昨天不是還在桃園和陳學聖高聲合唱，陳還感動地給韓爺一個抱抱！不再唱〈夜襲〉，實在令人失望！

如果眞地不唱〈夜襲〉了，韓爺爲什麼不把國民黨的古典名作〈龍的傳人〉、〈中國一定強〉，拿來唱，然後低吟一下〈梅花〉——革命戰士也有柔情的一面，要是更能唱起阿香！阿香！你令我痴狂！多少人會以身相許韓郎！

韓爺要是擔心一鼓作氣，會「再而衰」，除了〈夜襲〉外，還有條最適合岡山會戰場景的，就是電影《坦克大決戰》的主題曲，韓爺一定記得！此曲當年國軍連隊教唱，風行全軍，曲調優美雄壯，振奮軍心，驚動以色列駐臺代表處，抗議而禁唱，原來此歌源自德國納粹黨的軍歌。法西斯若是不能唱法西斯的軍歌，眞是太可惜了！

那麼不唱〈夜襲〉，難道要唱〈日正當中〉？唱起〈日正當中〉，韓爺就是單手就能挑戰和消滅惡徒集團的賈利古柏警長，哪需要岡山大會戰中，搖國旗的「五百壯士」、黃復興黨軍、「三橫一豎」高雄白派民兵們的呼嘯和擁戴？

所以，看來韓爺最後會選擇《揹著國旗的人》所唱的〈中華民國頌〉，當大會戰的主軸：

青海的草原　一眼看不完
喜馬拉雅山　峰峰相連到天邊
古聖和先賢　在這裡建立家園
風吹雨打中　聳立五千年
中華民國　中華民國　經得起考驗
只要黃河長江的水不斷

中華民國　中華民國　千秋萬世
直到永遠

韓爺終於把內心中的隱密吐露，您和王炳忠無異！明人不作暗事，說什麼「政治0、經濟100」，何必遮遮掩掩？作個堂堂正正的中國人，有何難處，有此覺悟，眞是可喜可賀！

40.「中國國民黨」不見了，臺灣的統派會不會抓狂?

有朝一日，或許此日很快就會到來，「中國國民黨」在臺灣政壇變得無足輕重，或是消失不見，您會以爲在臺灣所謂的「統派」會在意，抓狂嗎?

統派怎麼會在意?他們早就心有所主，誰才是「主子」，他們心中有把尺，清清楚楚!「中國國民黨」對他們而言，只是個幌子，或是「特洛依木馬」。假如木馬不再有欺敵效果，幹嘛按捺那麼大性子，花那麼多時間，用盡心力支持中國國民黨?

你我可試問中國國民黨黨內同志：誰是他們的首要敵人?答案八九不離十，一定是民進黨。這就對了：統派會在意中國國民黨的生存，是因爲國民黨是個很好用的工具，可以有效牽制和攻擊萬惡的民進黨，令臺灣不得改革前進。

諸君若對國民黨不在乎，不相信它還有驚人的「戰鬥力」，請看看國民黨鄭麗文委員如何攻擊陳時中部長：她把這兩年來因武漢肺炎而往生的八百名同胞和開放日本福島食品「牽托」在一起。幾萬名醫護人員二年來不眠不休，不畏生死，在第一線和病毒週旋，壓低致死率為世界最低，在她眼眶中都不算數？左打民進黨執政，右打臺日邦誼，一石兩鳥，殺得眼紅，目中無人，六親不認，您說代表國民黨的朱委員陰不陰，狠不狠，紅不紅，戰鬥力強不強？

又例如說，俄羅斯入侵烏克蘭，造成烏克蘭軍民大量傷亡，數百萬無辜婦女兒童必須逃往鄰國當難民，避禍，誰要負這個戰爭責任？有不少國民黨同路人（或是國民黨人）認為戰爭是美國暗中發動的，因為對美國有利，尤其美國的軍事國防工業可有謀取暴利的機會。

這群人又說烏克蘭總統澤連斯基也要負很大責任，他不承認已被俄羅斯占領的克里米亞半島和烏東二省，是俄羅斯歷史上固有的神聖領土；他不接受解散烏克蘭國防軍，簽和平條約，當個中立的國家；他想進入北約，維護國家獨立自主，因而觸怒俄國；普丁入侵烏克蘭，是被迫的「自我防衛」！

就遠譬近，從烏克蘭到臺灣海峽，您看中國國民黨對統一大業，多稱職，火中取栗，任勞任怨，反美急先鋒，中南海誰不欽佩？臺灣有位急統的「黑龍會」會長，誇言要「十年見眞章」，眞是太沒志氣！有了中國國民黨兩年就有一次機會，哪需要十年？2022年不行，2024年？再不行，2026年？……

中國國民黨是很堅持的，馬前總統不是說過：「說了幾十次謊話的人，總有一次會說眞話。」中國國民黨堅持統一，總有一次會成功；打開山海關幾十次，總有一次守軍會及時回守北京，明思宗哪用上吊殉國？

中國國民黨有此特有的功能，奇貨可居，可以待價而沽，許多藍營政客當然心裡明白。這是爲什麼「藍白難合」的原因，這也爲什麼傳崐其最近拚命攻擊柯文哲的理由：傳說柯是墨綠，是民進黨的伏兵。

不管柯過去如何視民進黨爲寇讎，不共戴天，蔡英文是妖魔鬼怪，而柯是驅魔大師，連自家的「三位女人」不論老幼、內外，都動員當起乩童了，還得不到「韓傳幫」的認可，引爲同路人，理由很簡單：「肥水不落外人田。」以北京爲父國，當個臺灣藩主，會有多少利益？又可以民族統一英雄自居。「韓傳集團」和其同路人，當然相信他們的才智、能耐，哪是香港特首林鄭月娥所能比擬！他們辦事，中南海放心！

臺灣人民終於恍然大悟，原來如此！「中國國民黨」要是不見了，「韓傳集團」和其統派同路人當然會在意、抓狂：達陣前一碼掉球，怪不得操盤手傳崐其執行長，那麼焦慮，到處放話樹敵。你我臺灣小公民們怎麼會讓「反共牌」的舊瓶子，裝上「統一牌」的新酒，請注意中國國民黨要裝的可不是金門高粱！——2022年、2024年你我臺灣小公民們就讓中國國民黨「見眞章」吧！

41. 朱立倫的中華民國史觀

人的受想行識都會受過去的約制。歷史解釋權永遠是政治運動所要首先掌控的東西。朱立倫談中華民國史觀，是政客必然之舉。

朱立倫所說的史觀我們可分成二部分來瞭解和評論：

一、有關 1949 年前的中華民國歷史和中國國民黨的關係，朱立倫所提甚少。1911 年中華民國建國到 1949 年中國共產黨成立「中華人民共和國」，轉進（或敗逃）到臺灣的蔣介石稱「中華民國」已經亡了，……退此一步即無死所云云。中國國民黨對此段中華民國風雨飄搖的歷史，朱立倫有何任何眞知卓見，化爲史觀可言？

朱主席似乎無能力對這段歷史，建立起令人信服的「歷史解釋」。他若承認力不從心，也就罷了！但他難以抵擋，宣揚對日抗戰八年中，中國國民黨的豐功偉業，對國家的貢獻，中國國民黨這樣風光過，足爲來世法；但是臺灣有非常多的人民，尤其是年輕新生代，會不禁懷疑如果這麼偉大，萬民擁戴，爲什麼中國國民黨會在勝利後短短四年，輸的精光？很多人看過抗戰勝利後，中國國民黨蔣委員長回到南京的影片，萬民空巷前所未有的歡迎場面，四年以後卻如喪家之犬，被掃地出門！

朱主席若無知識能力作出令人滿意的解釋，王某人倒可建議多年前胡適寫過的一篇精簡至文，朱主席看了大概就容易明白：事實上，偉大的抗戰，不只是百萬軍民的犧牲換來的，而更大的代價是讓共產黨坐大。胡適文中細數共產黨軍隊經歷五次國民黨軍圍剿，落腳陝北延安窯洞的數萬殘破部隊，如何藉著抗戰，從數萬到十萬、數十萬，到抗戰勝利時的近百萬。我們都覺悟共產黨「三分抗日，七分坐大」的策略，非常成功。難怪毛澤東主席在共和國成立後，得意洋洋，對來訪的日本政客說，日本不必要對侵華道歉，因爲日軍侵華，共產黨才有機會擊潰國民黨，席捲中國大陸。這是偉大八年抗戰所付出的殘酷代價。

有人是這樣說抗戰八年的，戰爭把中國的讀書人、士紳、中產階級都摧毀了，包括傳統文化的「廉恥」觀念。肉必自腐而蟲生，抗戰勝利後，中國國民黨的「五子登科」，豈是意外？那是苦日子太長，「報復性」的對人民的掠奪！朱主席如何面對這段歷史？如何解釋？

胡適之先生的至文中，八年抗戰的原因其來有自。他提起第一次世界大戰凡爾賽和約中對山東問題的處理，激發青年學生狂烈的愛國政治運動，凌駕「五四運動」文化啓蒙的一面，是民國史的不幸。僞經橫行，要救國不再是文化的啓蒙和進步，而是政治上的動員。事實上，民國初年哲學家羅素在訪華以後，所寫的一本小書《中國的難題》（*The problem of China*），就開宗明義的說：中國必會學習西方的帝國主義，以對抗帝國主義，這會是個「悲劇」！只是他沒想到中國學的是共產國際的帝國主義，對抗的不只是西方帝國主義，更要加上日本的軍國主義。

既然學生救國運動狂飆，中國共產黨建黨，南北對抗的廣州軍政府的孫中山，當然感受到時代潮流的洶湧，青年學子的「民氣可用」，共產國際頻出善意，左傾的中山先生於民國十三年拋出國民黨「聯俄容共」的創舉，和國際性的「進步的力量」合盟，從此民國史丕變，這才是李鴻章所說的三千年未有之「變局」！

從此國民黨俄共化，思想集體化：人家有馬列主義，我們有三民主義；人家有紅軍，我們有國民革命軍；人家穿起列寧裝，我們穿起中山裝；人家軍隊營舍，設有列寧室，我們有中山室；人家有政治指導員，我們有政工幹部；人家有「赤卡」特務機關，我們有「軍統局」、「中央統計局」、「藍衣社」。誰說爭奪江山，不需要全新的組織、宣傳、和武力？老式的北洋軍閥，哪是俄共支援和紅軍軍事顧問協助下「國民革命軍」的對手？

但是，不要忘了國民黨中有傳統式的軍人和黨員，有他們的階級成分，完全「布爾雪維克」俄共化、工農革命，必然引起內部反動。北伐時湖南的土地革命，清算地主，引發的「馬日清共」，爆發成「寧漢分裂」，到底誰才是中道崩殂的孫中山眞正的繼承人和執行者？到底「國父遺教」是什麼？革命尚未成功，到底是誰家的革命？同志仍需努力，到底誰是誰的同志？

「寧漢分裂」的意識形態問題，始終沒得解決。中國國民黨曾經申請「共產國際」兩次，都被俄共婉拒（朱立倫的史觀都需要解釋的。）不要忘了孫中山所說的「民生主義就是共產主義」，民國史從來就沒有明白人，黨內或黨外，對「社會主義」用經濟分析，作知識性的批判，有如歐陸的「奧地利學派」（Austrian school）。梁啓超對「社會主義」有過評論，感性的，毫無點滴知識性可言。這位歷史上的政治巨擘、學者，所知僅是如此，當代中國陷入左傾深淵，難以自拔，豈是偶然？

倒是，汪精衛的「黨外無黨，黨內無派」贏得國民黨人的共鳴，清除國民黨內共產黨員分子的「清黨」，倒是全黨一致的結論。長江中下游，清共雷厲風行，浮屍流行，視人命爲草芥。

要等到國民黨黨內派系內戰，所謂「中原會戰」結束後，戰勝的蔣系，一躍而成國民黨的主流。共產黨落草爲寇，在江西瑞金，成立蘇維埃紅色政權。蔣介石深刻瞭解日本軍閥只是肌膚之恙，共產黨才是腹心之疾，清剿共產黨是當務之急。擊破瑞金紅色根據地，紅軍萬里長征，轉至陝北成立新的根據地。九一八事變後，東北淪陷，蔣氏痛定思痛，更急迫知道「攘外必先安內」。剿匪不成，如何談抗拒強敵？

可惜共產黨「中國人不打中國人」、「救亡圖存，槍口對外」的宣傳，深入民心，流亡關內的東北軍和在西北的軍閥，肩負剿共重任，卻結合共產黨。張學良、楊虎臣發動震驚中外的「西安事變」，扣押巡視剿匪軍務的蔣介石。

西安事變後，叛軍原先準備以判國罪公審蔣介石後，槍斃了事。胡適在其文章中揭露，救了蔣介石的就是俄共的史達林。史達林的估算，處死蔣介石後，中國當時就沒有足夠威望的領袖，在東方戰線對付日本軍閥。胡適文中承認，不得不佩服這位邪惡的共黨領袖以退為進的雄才大略。當然，蔣介石和叛軍、中共、俄共間，世間公論一定有密約，只是我們尋常百姓不得與聞，只能多方推敲。對「西安事變」的歷史逆流，一向以溫文儒家自持的個性，口不出惡言的胡博士，居然稱張學良為「痞子」，可見其痛恨之情。

九一八事變後，西安事變前，蔣介石想藉他身邊的知日派，國民黨內的保守力量，中華民國北洋政府殘餘的文人和政客，例如「政學系」，組織一保守右派聯盟，導正民國十三年來，孫中山的「聯俄容共」，把民國史的歷史脈動，推向左傾狂飆、共產國際統一戰線的努力，在西安事變後，算是徹底失敗。

國民黨有了新的俄共盟友，擔負起牽制東線日軍的重任，從此不再對日本軍閥逆來順受。原先只默認日本軍閥據有滿蒙，在北方栽培親日的緩衝政權，有如北宋、南宋和遼、金國的國際關係，國民政府國難當頭，一時之間，都可以談、妥協，因為首要敵人是共產黨。西安事變後，新的敵我結盟關係形成，這也為什麼蘆溝事變會急轉直下，中日全面大戰一發不可收拾。

事變後，國民黨策動第二次松滬戰役，投入二十萬新訓練的嫡系部隊，日本軍算是遭受奇襲，南下救援部隊受阻（黃河決堤），這是國民黨對日軍全新的軍事姿態，遭受奇襲的日軍，只得動員日本國內兩個師團，在杭州灣登陸，在上海的國軍承受新的壓力，從上海撤退，沿著長江，退向南京。

當時國民黨立即面臨一個軍事難題：南京能不能守得住？還是依國際法宣佈南京是不設防都市，國軍繼續後撤？最後決定防衛南京，唐生智自動請纓當衛戍司令。國民黨軍政高層作此防衛南京的決定是他們相信俄國紅軍會在滿蒙輕啓戰端，讓日軍兩面作戰，誰說南京不能守？——如此決定，再下來就是歷史的「人爲刀俎我爲魚肉」種族滅絕的慘劇。朱立倫主席，你知不知道當時唐生智衛戍總司令的下落？在日軍攻城時，他早就乘著小舟從長江脫逃？朱主席你的中華民國歷史會不會記錄此事，你的史觀會是如何？許多中華民國公民懶的問唐衛戍總司令是不是出身黃埔？

1911 到 1949 年是夠複雜的，翻雲覆雨，絕不是一位留美的會計學博士所能領略，如何侈言「史觀」，朱主席的膽子是夠大的。臺大歷史系前教授吳相湘有部《民國百人傳》著作，朱主席若能稍爲涉獵，百人不算多，一定大有可觀者，那時再談中華民國「史觀」還不遲。

朱主席，讓我們繼續談你的 1949 到 2021 年中華民國史觀，這段「斷代史」對你或許會容易點，自在些。

二、1949 年以後到 2021 年，朱立倫又如何解釋這一段歷史？2024 年若無意外，朱立倫想選的到底是「臺灣總統」，還是「憲法一中」的中國總統，還是「臺灣當局的最高領導人」，還是 1911 年以來，中華民國仍然存在，疆域包括中國大陸、外蒙，當然也包括福建省金門（問問國民黨某陳姓委員）的「中華民國總統」？臺灣不是國家，中華民國才是代表中國的國家，所謂一中各表，到底全世界各國，包括中華人民共和國承不承認，都不重要，多數臺灣人民相不相信，信不信仰，也不重要！朱主席你說是嗎？

假如朱立倫瞭解中華民國歷史夠深，也夠智慧，應該會低調的把 1949 年以後的中華民國視作中華民國「第二共和」，他的史觀理論建構就會稍令人信服。他可以說的理由很簡單：朱某人年紀太輕，無法瞭解 1949 年前澎湃偉大的歷史，複雜而且翻雲覆雨。但他又捨不得不談革命軍北伐，八年浴血抗戰的英雄史蹟，中華民國怎麼可以沒有這些偉大的歷史，中國國民黨沒有這些祖產，如何生存？如何戰鬥？

所以朱立倫必須談對日抗戰八年，這是國民黨 1949 年前的光輝歷史，不得不談。既然要談 1949 年以前，國民黨不得不從 1911 年談起。要從 1911 年談起，朱主席一定力不從心，因爲，首先臺灣人民，尤其是年輕新生一代要瞭解北洋政府（不管是奉系、皖系、直系）都是中華民國的合法政府，國旗五色旗，代表五族共和，受世界各國承認。

那麼，中國國民黨爲什麼政見不合，就跑到廣州成立「軍政府」，造中華民國北洋政府的反？成立「大元帥府」也就罷了，又如何「聯俄容共」，引進外力，而又誓師北伐，國民黨自稱是「國民革命軍」，當時北方媒體稱其爲「赤軍」。當然消滅北洋軍閥，推翻北洋政府，國民黨一定有許多令人信服的理由，我們姑且相信。

但是，由於我們臺灣享有的「思想自由」，我們倒是可以可以作某些「反歷史」的想像：假如沒有北伐，或是北伐沒有成功，仍然是南北對立，軍閥割據（不止北洋軍閥，也包括國民黨軍閥），這豈不就是「聯省自治」？如此這般，今天香港的民主派人士一定樂壞了，黎智英等一定重獲自由；馬雲、馬化騰、范冰冰、趙薇可以不必活得那麼辛苦。馬雲說，我學了英文以後，才知道中國不是那麼富有，中國也解救不了全人類。他這樣說一定不會出大亂子，一定會有千萬上億的信徒。

我們想問國民黨朱主席，中華民國的「北洋政府」有什麼不好？我們可以試舉一例，五四運動時，北京的大學生闖入北洋政府外交部長的私人寓所，打了人家的小老婆，放火燒人家的樓子，北洋政府的軍警拘禁上百位大學生在北大法學院內，北洋政府在輿論壓力下與北大蔡元培校長威脅辭職下，把鬧事的學生都釋放了，人家可沒有開動坦克，機槍平射，祕密逮捕，人間蒸發，更沒有深文周納的「國安法」，要怎麼解釋就怎麼解釋。這種好康，往後的日子難見。朱主席你若談中華民國史觀，是不是該把這段北洋政府的美德，放入你的史觀中，不要一直說人家「腐敗」，要革人家的命。北洋政府可是中華民國的合法政府，中華民國不是只有國民黨！

國民黨若只有用老式的意識形態建立史觀，只有作共產黨尾巴政黨的份。有人說國共鬥爭，國民黨如何落敗，是因爲國民黨喪失民族主義的領導權。不管你如何說國民黨和共產黨有何不同，但在「一個中國」的意識形態上，實在找不出太大差異。蔣介石害怕的不是被逐出聯合國，而是二個中國成眞，漢賊兩立。在有關聯合國會員國的關鍵年代裡，當時國民政府的外交部長葉公超一直強調：辦外交像刷地板，不要把自己刷在裡頭，難以脫困。

國共對「一個中國」堅持的差異，可能只有抗日戰爭到底是幾年？國民黨說八年，共產黨說十二年，除此口角外，實在找不出大書特書的地方來。黃埔軍校時周恩來是政治部主任，多少國共將領都是他的門生、同門師兄弟。國民黨退將組團到大陸球敘，老同學聚會，歡樂滿堂，實在沒有什麼好吃驚的。國民黨退將們在總書記前立正站好，起來！起來！執禮甚恭，聆聽訓詞，人家不是從民國十三年「聯俄容共」起，就是一家人了？在臺灣的國民黨有人提倡，要從孫中山作起，己經說盡一切。

共產黨說孫中山是「革命」的先行者，這也是孫中山遺囑中「革命尚未成功」的「革命」，共產黨才是「革命」的承繼者，發揚光大者！史實當前，也難爲國民黨退將們，他們除了立正站好，宣示效忠外，還能做什麼？

所以朱主席若未能突破一個中國窠臼，除了「一個中國」，別無其他政治價值，再怎麼談中華民國史觀，只是書空咄咄，畫蛇添足，說不出所以然，爲識者所笑。國民黨相信，民進黨藉著自由民主體制，僭取政權，是共產黨也是國民黨的唯一且首要的敵人。到底自由民主體制和文化，能在中華民國出現成長，到底有何輝煌的歷史意義，都不值國民黨一哂，深思！

「義不帝秦」、「堅守民主陣營」都是口號，那麼有些國民黨人物要「戰鬥」，令人失笑的是，到底他們要戰鬥什麼？民進黨政權不需要他們當黃花崗七十二烈士，才能推翻，只要他們說服臺灣人民，用選票，和平的方式就能更替民進黨政府。顯然，朱立倫中華民國史觀的「一個中國」的概念，會很難說服臺灣人民，日月逝矣，歲不我與，國民黨想再編造新的話術，受臺灣人民歡迎，會越來越難！

42. 誰需要中國國民黨的黨魂？

中國國民黨所宣揚的黨魂極致，當然就是黃花崗七十二烈士。要當烈士總要有殘暴不仁的惡魔爲敵人；要不然就會像似唐吉赫德，把轉動的風車當作誓不共戴天的伏地魔。

黃花崗烈士有個腐敗的滿清王朝爲目標，革命萬歲，造反有理。今日在臺灣有這樣的王朝存在嗎？中國國民黨說當然有：我們不是有個會說英文的慈禧太后嗎？民進黨政府是中國國民黨「敵我矛盾」的首要敵人，和國民黨有敵我矛盾的絕不是共產黨。所以，國民黨要恢復黨員固有的黨魂，不要問黨能爲你做什麼，要問你能爲黨做什麼？能爲黨做的，當然就是推翻「匈奴」或是「皇民」政權，把它掃入歷史垃圾堆中。

黃花崗烈士的精神會像中國國民黨所期待的，是臺灣新世代的生命規劃？事實是，要推翻民進黨政權，不必寫〈與妻訣別書〉，只要人民很「幹」，到投票所，把選票投給國民黨，如舉手之勞，絕對不必像革命烈士進攻廣州的總督府那麼壯烈，肝腦塗地！

那麼，爲什麼中國國民黨還要宣揚國民黨的黨魂？原因是他們活在，或是想活在「革命世紀」裡，因此生命才會有輝煌的意義：百年大黨必須有歷史上的豐功偉績，足爲萬世法，新生世代才會如法炮製，才會發現生命的價值。所以才會有「革命尚未成功，同志仍須努力」之說！

阻礙革命成功的是民進黨，不是中國共產黨！假如消滅了民進黨，革命就成功了嗎？中國國民黨消滅了民進黨後，中國共產黨會不會兔死狗烹，轉身消滅中國國民黨？……如果如此，這又何妨？反正「孤臣無力可回天」，到頭來，還是一個中國；又不是要你當南宋陸秀夫，國家戰敗，爲蒙古兵所包圍，背著幼主趙昺在厓山跳海自盡，隨著跳海的南宋宗室數百名和十萬軍民，都一起殉國！

奇怪的很，強調「氣節」的中國國民黨，只會說黃花崗七十二烈士，卻不會或不敢說陸秀夫及南宋幼主、數百名宗室及十萬軍民的故事，難道是因爲「人民解放軍」不是「蒙古兵」？中國國民黨唯一想到此事，可能只有蔣介石，他說：「（退據臺灣）退此一步，即無死所！」他是否眞的準備「跳崖」，與社稷共存亡，只有留待未來歷史學者的研究。

其實臺灣新世代，對於中國國民黨在 1949 年以前在中國到底幹了什麼好事或鳥事，根本不在意。他們在意的是中國國民黨到底有沒有代表臺灣社會某類階級屬性？他們的公共政策，是不是跟上世界潮流？你要當堂堂正正的中國人，干他們P事！中國國民黨的「中國」兩字，對他們來說，相當刺眼！誰需要某些人群的「歷史回憶」，來當成他們未來生命的準則？誰需要中國國民黨的黨魂？

43. 我們還記得黎智英們嗎？

我們還記得黎智英嗎？何韻詩、周庭、黃之鋒？以及港府發動千人警力圍捕的五十三位民主人士？

除了名字比較響亮的那幾位，你我大概快把他們忘掉了，或者根本從來不記得他們的大名。毛澤東說，新朝開國如能維持三十年穩定，就有二、三百年基業，三十年間，開國元勳幹了多少焚書坑儒、殘民以逞、令人髮指的罪行，人民是會遺忘的而不以爲意的。

三反、五反、反右運動到底是哪回事？總路線、大躍進、人民公社，就是所謂的「三面紅旗」？文化大革命，六四運動，不久之後誰還會記得？

忘了還算是好事，怕的倒是有人會說：「當時殺的好！」坦克車若不開出來，機關槍不平射，哪有幾十年穩定，改革開放，外匯存底才會日增月累。魯迅寫的好，「原來如此」！要有血饅頭，才會有漢唐盛世？

六四屠殺後，有位留美的漢學巨擘，爲了能獲取中國留學生居留權，繼續留在美國求學，盡心盡力，多方奔走，期待這些「民主世代」，在自由民主環境成長，有朝一日，能成陳勝、吳廣等英雄豪傑之士，爲民族自由生命留得新機。

結果他所期待的「義不帝秦」的一代志士不但沒有出現，「爲虎作倀」之徒倒是後浪推前浪，源源不絕。誰管你！——民族的自由文化生命？你說，我在哪裡，中國文化就在哪裡，誰在乎？

看來毛澤東的「政治動力學」才符合中國人民的民格。只是令人費解的是：建政己經七十多年，是三十多年的兩倍多，穩定的數百年基業早該開始，爲什麼還需比國防預算還多的民脂民膏花費在「維穩」上？

會不會「爲虎作倀」之徒，未必是時代潮流？或許黎、何、周、黃以及眾多勇武的民主新生代，還是會有許多人記得。你我不是常說「普世價值」嗎？價值能夠普世，應該不限於某個孤立區塊，不管是香港，是烏克蘭，或是有朝一日的臺灣。黎智英們一定有人會記得，會懷念，會被 inspire——螃蟹！螃蟹！且看你們能橫行到幾時！

44. 中華民國萬歲：法西斯集團的最後一擊！

所謂中華民國派有兩類：一類是法西斯的「赤軍聯」，另一類是崇尚「自由民主」的政治同盟。

韓流集團是法西斯的「赤軍聯」，是中華民國能前進成爲自由民主正常國度的最後阻礙。他們舉著中華民國旗幟，卻反中華民國一向的立國精神，不管是第一或第二共和的。

從民國十三年國民黨「容共政策」所帶進中華民國政治文化的法西斯成分，穿起制服，思想黨國化，不管是左派或右派，像是頑強的病毒，盤據中華民國政體，爲害政治的開放和進步，都得廓而清之，代之以「自由民主」的臺灣成分，這是臺灣老中青世代對中華民國的共同責任。

我們爲什麼說「法西斯赤軍聯」的韓流集團反中華民國？如果試以五星旗代替

青天白日旗，對「赤軍聯」的意識形態而言，會有何差異？政治思考會不會有本質上的變異？只要問他們對香港反送中和滅絕維吾爾種族文化的態度，臺灣現時「赤軍聯」，會和中國共產黨有任何差別？

旗子可以「以紫亂朱」，也可以美飾成「大是大非」。旗子是很重要的，孔夫子說：「名不正則言不順。」毛澤東承認，中華人民共和國建立時，犯了一大錯誤，就是改國號。蔣介石三十八年敗亡臺灣後，中華民國才能「妾身不明」，在國際強權矛盾中，繼續生存了七十餘年。有長久時間和相對安定環境，成長了「自由民主」體制，才能枯木逢春，重新來過。所謂「道心惟微，允執厥中」，民主自由，就是中華民國追尋多年的「道心」。

沒有自由民主，何來「中華民國萬歲」，再激昂再多聲，響徹雲霄，於事無補，中華民國要靠「自由民主」才能萬歲！要檢查是否爲「中華民國派」的眞貨，就要看對「自由民主」的態度：身穿中華民國裝，搖著旗子，甚至把全身刺青爲中華民國旗幟，不能證明什麼，敢保衛自由民主，把自由民主當成無可讓渡價値，才是中華民國派！

因此，不談自由民主，只談一國兩制、一中各表，不是居心叵測，就是庸人自擾：法西斯就是法西斯，左派和右派是可以交流合作的，都是反智集團。

極右派軍人面對極左派國歌演奏時，肅立致敬，對於斲害人權的事件，不聞不問，不敢吭聲，卻說這是國際禮儀。賊立久了就是漢，成則王敗則寇，這群黨國遺孤，敢再說什麼「大是大非」，養天地正氣，繼續欺騙百姓？

一位納粹黨幹部說得好，那些「反動分子」想和我們談思想自由，要和我們辯之以理，我只想把我懷裡的手槍掏出來。可幸的，因爲前人的犧牲，臺灣己經度過那種掏槍的時代，這是歷史極大的幸運。我們可以讓「赤軍聯」再度復辟，讓他們可以再「出征」、「夜襲」，把手槍掏出來，高呼萬歲！他們高呼的眞是（自由民主的）中華民國萬歲？

45.世界可以不需要中國，中國不能沒有世界

武漢肺炎肆虐的此時，世界上許多國家，包括你我，都會不自覺地想：「沒有中國，世界的現況會不會好些？」

當然會好多了，至少沒有武漢肺炎，不必擔心害怕，哪天病毒不知怎樣摸上而侵入你的身體。但是，武漢病毒總會過去，據專家估計，最壞只要到了炎熱的夏天，氣溫的升高會消滅，或至少抑制病毒的擴展。專家說武漢肺炎，會變成像流感一樣，和人類和平共存，只要你我不要太過高齡，何況疫苗指日可待。

所以，全世界包括中國，都會恢復正常，happy go around。中國外交部的某位發言人曾很自信地說，經此武漢一疫，將來的中國會更強和更好！中國的將來會是這樣的結局嗎？可惜中國的大家長似乎並不那麼意氣飛揚，習主席說：「武漢肺炎是中共建制以來最大的挑戰和考驗。」

首先，大部分的國家（可能除了衣索匹亞外），大概對中國的觀感會有「定性」的質變。大概不會再像從前一樣的單純：中國是世界工廠，製造世界所需要的物品，再把賺來的財富，花在觀光旅遊上，掃空各國的奢侈品，乾掉各國的威士忌和紅酒，完成一個經濟循環。對中國和其他世界各國都有利。

但是，中國是十四億人口的大國，經濟循環再怎麼順暢，拉升的只是上頭的二、三億人口，底下的十億餘怎麼拉？如果，這次武漢禍害是來自平常人家、匹夫匹婦好吃野味，此次是蝙蝠，下次可能是穿山甲、竹鼠、果子狸、刺蝟、孔雀、梅花鹿……只要你能命名的，就有對應的食譜和烹調方式，你叫他們怎麼不「嘗鮮」？也就是提供病毒進襲的途徑。

這是文明，文明不同，從「吃」的東西、「禮儀」，到形上的道德和價值體系的不同，必然會有衝突。世界上許多人從此會反思和中國的來往，不會僅止於「商品關係」。吃雖然是小事，病從口入，吃出非常之禍，禍延他人，他人會怎樣擴大地想像？

如果中國是個具有非常文化的非常國度，和多數國家不同，那麼「各盡所能各取所需」的世界秩序是不是行得通？文明的衝突不論，如果底端十億餘人的生活水平要拉高到接近此時二、三億高端人口的生活水平，地球上的所有資源和資本是不是都要流向中國？主要「供應鏈」是不是都要依賴中國？這次的武漢肺炎，所引起的「斷鍊」危機，必然逼迫世界各國必須面對此急迫的問題。

如果，全球需要「世界工廠」，大家現在會想，不能只有中國一處。主要供應鍊，不能只有中國一條主幹線。這是此次武漢肺炎所引發的世界性改變。今日，不會有太多人相信「全球化」會行得通。如果再加上世界強權所需要的權力平衡的考慮，許多國家會思想一個「不需要中國」的世界新秩序，是否應該出現，因此世界可以自給自足，以應不時之需？

如果中國維持現時的中央極權，信息不透明的封閉政治結構，武漢肺炎似的災禍一定會再發生。武漢市前市長對媒體說出事實：（疫病剛發生時）我們不能說什麼？要等到中央授權時，才能說。到時承認有非常的事端，需要非常的手段時，已是一、二個月後。世界能支付得起這樣運作的世界工廠？把龐大的資金，投入中國，建立起全球生產鍊無可取代的環節，卻得不到透明的信息？

除了眼前自然的風險外，此次災變，許多人會警覺到中國的體制會不會有潛在的人爲政治風險？不時釋放出社會內在的張力，只會僵硬式的「維穩」，不努力調適，雖然表面不亂，有朝一日，可預期的是「一亂便倒」。一個極權的政治體制，是不允許其他體制同時存在，甚至是非政治性的社會組織。唯一容許的集權組織，一有變亂，沒有其他的社會組織，能向前相挺，保護國家不至崩潰，所謂「天下大亂」就是這樣來的！

拋棄「全球化」的世界新秩序，必然不那麼需要中國，甚至不需要中國，假如中國不跟著世界走。沒有世界的中國能夠自給自足，自立自強嗎？一個美國的農人能提供給二十位美國人糧食所需，即便是有多少糧食被浪費掉了！中國自己生產的糧食夠養活十四億人口嗎？美國能源不僅自給自足，而且外銷，中國能源能自足嗎？即使不考慮污染和環境保護的問題。

鄧小平的「韜光養晦」不只是戰略原則，更是了解中國的天生弱點。後人稍有長進，就喊出：「厲害，我的國！」所謂前「漢唐盛世」。事實上，只需要多長四個「角」的病毒，就幾乎把中國打出原形。看來老革命政治家多少歲月生於憂患，深謀而遠慮：中國不能沒有世界，只能陰取，不能強拿。不幸的，現在許多主要國家，很清楚瞭解在中共主政下中國的意圖！

46. 梅克爾夫人是「其他國家」的總理

德國外交部發言人稱臺灣捐贈德國的百萬片口罩是來自「其他國家」。既然「其他國家」可當成意有所指的「專有名詞」，那麼外交往來，不論正式或非正式，都可要求「平等互惠」原則，既然臺灣被稱作「其他國家」，我們也可稱德國爲另個「其他國家」：梅克爾夫人——眾所皆知是某個「其他國家」的總理。

我們應該有的「臺灣觀點」，百萬片口罩只是對德國醫護人員雪中送炭的「人道支援」罷了！人家政府領不領情，是另碼子事，不宜有太多期待！想想看中國市場對德國工業有多重要！再想想看德意志民族歷史上都有「東線問題」，他們必須挺東歐小國家能承受起來自東方斯拉夫民族的壓力。以今日爲例：德國必須考量波羅地海三小國、烏克蘭、波蘭，甚至南向到黑海的問題：中國是如何平衡、防阻俄羅斯向西擴充的通關祕語。

防止斯拉夫西進，這是傳統德意志民族的戰略直覺。從腓特烈大帝、俾斯麥、希特勒的納粹黨，都有同樣的考慮。國民黨五次圍剿中共靠的是德國納粹的軍事顧問團，戰略的目的就是爲蘇聯共產帝國製造個專屬的東線問題。二次世界大戰初，德國納粹不乘勝追擊，一舉摧毀數十萬英國遠征軍，讓其輕易地從鄧克爾撤退，因爲德軍參謀本部認爲蘇聯才是主要敵人，錯誤以爲保留大英帝國軍事實力，有利未來共同對付蘇聯共產帝國。要不是日後美國參戰，德國參謀本部的計算並沒有太離譜！

地緣政治會約束國家的戰略直覺，對德國而言情況正是如此，何況又有歷史的業要承擔。若以南韓的例子作比較，就容易瞭解。事實上，德國只是較大、較強的南韓而已：就像南韓、德國私下有很強的反美情緒，國家安全又不得不依賴駐防的美軍，不能像法國可以把「北大西洋公約組織」的功能，一筆勾消。川普總統對歐盟有敵意，因爲他認爲歐盟只是「法德軸心」，兩國心底都有反美情結。歐盟弱化，甚至崩壞，美國反而可以在歐陸諸小國中，找到更好的朋友和同盟，英國脫歐，爲什麼美國全力支持？

德國政府不敢惹怒中國，連廉價的外交客套話都免了，臺灣的人民可不要對什麼「普世價値」有太大的迷信。美、日、澳、紐，可以把「臺灣」之名，大大方方朗朗上口，換作德、法的政治領袖，未必如此！臺灣人民對敵對友，何人可以引爲「同盟」，應該可以看的清楚。

即使美國切斷對 WHO 的財援，譚德塞還能生存的下去，因爲以法國馬首爲瞻，說法語的非洲國家就有一、二十個。五、六十年代在聯合國排除蔣系「中華民國」，引入「中華人民共和國」，就是法國帶領的這群前法國殖民地的非洲國家在興風作浪。WHO 的會籍以國家爲單位，投票權也是如此。除非武漢肺炎繼續肆虐更長時間，甚至漫延到非洲，政治領袖們的意見才能夠丕變。大概臺灣人民會繼續一段長日子，看到這位中國的「榮譽公民」譚德塞。

「其他國家」會繼續大外宣「其他國家」，「其他國家」們也會欣然接受此類封號，不管用什麼理由，考慮什麼樣的利益。臺灣人民不用喪氣或生氣，因爲這些國家，也會實質上被稱作是「其他國家」，不管他們宣稱他們的文化有多優秀、國家有多尊嚴：梅克爾夫人，骨子裡只是某個「其他國家」的總理！

47.德國這個「其他國家」請注意：臺灣人民的尊嚴不容冒犯！

臺灣贈送給德國百萬片口罩，德國政府說這些口罩來自「其他國家」，簡單的國際禮儀都不顧，就算把臺灣視作是個地理名詞，爲何不言其名？臺灣人民會把德國說成歐洲中部的那個「其他國家」，或是說歌德曾經住過的那個「其他國家」，而不提其名？

難道，德國政府教育他們的學童：接受別人家的禮物時，不管是多麼卑微的禮物，都不必說聲「謝謝」？或許事後德國內外有許多反彈，才由德國衛生部長出面表達感謝這個「其他國家」。德國政府接著又說了一堆：臺灣不是聯合國會員國，因此，不是主權獨立的國家；WHO的會員國必須是主權獨立的國家……。

請問德國政府的要員們，當七十年代德國政府改變國策，由布藍德總理

（Willy Brandt）推行「東進攻策」（Ostpolitik），不反對承認東德主權，令東德的「德意志民主共和國」得以進入聯合國，取得會籍，是個主權獨立的國家。

那麼爲什麼在柏林圍牆倒塌，國際情勢巨變，西德兼併東德，卻秋後算帳，要起訴最後一任東德的領導人埃里希·何內克（Erich Honecker）？理由是命令東德邊界士兵射殺由東德逃往西德的「東德人民」，奉命開槍的東德士兵，也難逃追訴，不顧東德的「德意志民主共和國」當時是聯合國的會員國，是西德承認的主權獨立國家。

顯然「聯合國會籍」、「主權獨立國家」的說法，在德國政府心中，並非「絕對性的範疇」。用在臺灣，表面上很honest，就事論事。那麼如果能用在臺灣，爲何不能用在「德意志民主共和國」東德共黨最後一任總書記埃里希·何內克和其邊界的士兵上？如果依現在德國政府對臺灣國際地位，侃侃而談，聯合國會藉、主權獨立國家是那麼的絕對，那麼請問德國政府，當時東德的「德意志民主共和國」和其領導人，爲什麼不能依其是主權獨立國家，可以保衛他們國境邊界的完整，不容穿透和越界？這是非常絕對的主權。何內克總書記和其受命的東德士兵，要被「其他國家」的西德，控訴「叛國」、「濫權」，命令開槍射擊一百九十多位試圖從東德逃亡西德的東德人民，而遭起訴。

如果聯合國會籍、主權獨立國家的說法，用在臺灣說得通，因而德國政府行事有原則，可以因此視而不見臺灣，好像它不存在似的，那麼東德的「德意志民主共和國」和其領導人，他的士兵都擁有絕對的聯合國會籍，是你所承認的主權獨立國家，你更應該基於你所尊敬的「國際法」、聯合國的決議文，對其所做所為，更應視而不見，為什麼要打落水狗？你們憑什麼要起訴而下獄人家？顯然聯合國會籍和主權獨立國家地位，而稱臺灣為「其他國家」，只是方便的託辭和話術，不是眞正的理由。

眞正的理由是什麼？全世界多數國家都知道：德國害怕冒犯中國。害怕有兩種原因：第一是商業利益。西方世界政府領袖訪問中國最勤快的是那個國家，計算一下梅克爾首相任內訪問中國有幾次？

第二是中國有力量牽制俄國向西歐擴展的動能。中國一帶一路的首站就是中亞的哈薩克、吉爾吉斯、烏茲別克。這幅員廣大有豐富自然資源的三個所謂「斯坦共和國」，信奉回教，在蘇聯光輝的年代是加盟共和國，是俄羅斯的附庸。中國一帶一路向「西域」擴展，不會令一心想恢復蘇聯時代俄羅斯光榮的普丁心驚？潛在敵人擔心的，正是德國努力的目標，聯中自然是德國的東線戰略。

二次大戰，希特勒對蘇俄全面攻擊的「伊莎貝爾」戰爭計劃，戰線從波羅地海到黑海；意識形態不論，這是日耳曼——斯拉夫的種族線，勝負決定到底由誰來主掌東歐。德國是歐陸「中央強權」、歷史上、文化上、種族上必須承擔這份「業」，你能叫波羅地海三小國、波蘭、烏克蘭承擔其阻擋俄羅斯向西歐前進的動能？二次世界大戰以後，這個責任是由「北大西洋公約組織」承擔。時至今日法國稱此公約，已經過時，毫無作用；德國政府比較實際，沒有駐德幾十萬美軍，德國和東歐如何自我防衛？因此，「中國因子」（China factor）就被引入國際強權鬥爭的方程式中。

德國對中國隱密的心思如此，歐盟何嘗不是如此？此次武漢肺炎，歐盟各國所遭受的摧殘，幾十萬人死亡，百萬人在生死線上掙扎，歐盟要中國找出疫癘爆發的原因，居然聲明說得如此軟弱，就怕被某個「其他國家」說成「反中」，見微知著，是現實和拜金主義在作祟，有什麼好吃驚的！

回想當德國政府起訴何內克總書記和其士兵，所持公開的理由，當然不是聯合國會籍、主權國家獨立等撈什子！而是「人道」、「人權」、「普世價值」、「西方的基督教文明」云云！如果這些都是西方文明最珍貴的傳統，爲什麼不能適用在香港、新疆、西藏和臺灣？

臺灣有許多知識分子，深受法西斯極權國家的威脅，對戰後的德國和代表更大文明的歐盟，一向都有想像和期待，許多人都不會忘記布藍德首相在波蘭集中營向犧牲者的紀念碑下跪，讓許多人瞭解到，到底普魯士不是德意志！戰後德國，從納粹統治期間所得來的痛苦經驗，讓聯邦刑法明文規定：在刑事法庭，當事人爲保護自己家人和直系親屬所作的「僞證」，不受刑法追訴。這是何等的人道和文明！比較於臺灣居然被德國政府視爲「其他國家」而失去姓名、國際人格，爲德不卒，顯然臺灣人民對德國政府的期待和幻想，也未免太高了！

對臺灣的國際地位有兩種說法，一種就是如德國所謂；另一種是美國從對日本帝國戰爭中獲勝，而取得對臺灣的「戰勝國權利」，這是美國半公開的立場。馬英九政府曾經想承認中國對臺灣的「宗主權」，而被歐巴馬政府的克林頓國務卿警告過。這兩種說法，清楚表明臺灣有兩種不同選擇。臺灣人民熱愛自由，實事求是，應該清楚自己想追求的方向。

此次武漢疫癘會更明顯表明國際強權勢力會重新洗牌、改組，臺灣人民會很快的發現他們不是自己一向所想像的「弱小」。自我衰弱的主要原因是內部有太多居心叵測的第五縱隊。臺灣人民的信心來了，接下來就是強化「心防」，臺灣的主體性強壯，臺灣人民的尊嚴自然不容任人冒犯、踐踏。我們還不至於是亡了國的「德意志民主共和國」，任令「其他國家」飛沫傳染，唾面而自乾！

48. 一國兩制已死，那麼一國一制？

中國十三屆人大，對香港立法會和特首選舉作出重大改變，形同沒收香港民主，馬英九前總統評論說，這是中共正式宣告「一國兩制」死亡，正式走入歷史。「一國兩制」已經死亡，「一國一制，臺灣方案」就是剩下來的唯一選擇？那麼基於「一個兩制」的「九二共識」是不是也跟著死亡，變成「歷史文件」？筋肉沒有了，毛髮如何附焉？

當然，馬前總統可以這樣說，他們說他們的，我們做我們的，一中仍是各表，維持現狀不變。所以，二千三百萬人的民主，對抗十三億人的不民主，雖然價值觀南轅北轍，仍然可以叫作「一中」？這倒可問問美國人的歷史經驗：南北內戰前，他們討論過美利堅聯邦，可以不可以一半維持「蓄奴制」，另一半「解放黑奴」？答案是否定的。

那麼形勢逼人，馬前總統若不即時否定「九二共識，一中各表」，就準備等著別人來消滅臺灣；還是馬先生從此痛改前非，矢志「反共」，和中共誓不戴天，反攻復國？即使，馬先生有此膽量「反共」，只要他稍露口風，會不會像國民黨內某些「改革人士」，立即飽受連、羅之輩反噬，鳴鼓而攻之，惡毒相向，說這是跟著民進黨屁股走，乾脆加入民進黨好了！殷鑑不遠，就在幾天前！

國民黨最大的心理困局，是他們所認定的最大敵人是「匈奴」、「皇民」、「走狗」的民進黨，不是時時刻刻想消滅臺灣的共產黨。昔日，因爲黨國洗腦教育制約成功，在政治論辯上還占上風；今日資訊普遍，外部情勢丕變，成千上萬的新世代興起，誰理你那一套「數典忘祖」、「我的家族在江西住了一千多年」的論調！

國民黨最令民進黨畏懼的武器，就是把「馬英九」變成「孫悟空」，鑽入牛魔王「民進黨」的肚子裡，內外一體，亦步亦趨，你說二千三百萬人民，我也說；你說臺灣獨立自主，我也同樣說；你說誓爲香港民主後盾，我說願爲香港民主前鋒！臺灣人民誰會說英九兄是跟著民進黨屁股走？除了食古不化，不知戰略高度的連、羅之流！

李鴻章所說的「三千年未有之變局」，具體而微正在臺灣上演！長江後浪推前浪，捲起千堆雪的，不會是你我今日看到的中國國民黨；更不是以辮子爲圖騰，有如紋身，時空錯亂，一心只想復辟，不知今日是何世——類如曹琨總司令的「辮子軍」！

49. 羅智強要是姓蔣……

羅志強要是你姓蔣，你就不用沿門托缽，千里苦行，到處探頭探腦，看看人家肯不肯給你機會？

據說桃園到處設有「圍強」，空降部隊從來就進不了，何況你犯了大忌，把人家「新屋」寫成「新烏」，難道你是「愛烏及屋」？自己知道惹了大麻煩，自我處分，在桃園市府前罰寫「屋」字一千遍，屋屋屋……，此「屋」非彼「烏」，吾心可比明月，桃園選民知我心！

鄭文燦市長淡淡地回應，新屋是桃園市唯一漁港，重要城鎮，有人藉寫字來愛「屋」，有何不可？鄭市長盡在不言中，不便說的是，市長又不是你的級任導師，寫錯字，「小朋友」罰寫一千次，干我何事，跑到桃園市政府前幹嗎？

羅郎現在的處境，真的是爹娘不愛，爺奶不疼，可悲而令人同情！這世界實在很勢利，要是人家姓蔣，叫作「蔣新烏」，是儲君，也是金孫，名字是皇太爺生前取的，一定雨過天晴，峰迴路轉，說不定新屋市民想公投，順勢綁大選，改市名叫「新烏」。

事到如今，羅志士你說你要怎麼辦？朱立倫主席又說你不是桃園土產，要選桃園市長萬方艱難，能成功者，前所未有；要你自動繳械，把機會讓給當地的同志，不要破壞團結。

羅志士現在可是你要作決定的時刻！玩軟的：說大人則藐之，今日國民黨內誰在乎朱主席的一言一行？還是玩狠的：圖窮而匕首見，奮力一博，千秋英烈。你的老長官不是常說嗎？世事難測！——風蕭蕭兮易水寒，羅壯士真的一去不復返？

50. 林男吃了萊毒失心瘋，午夜牛郎痛打高嘉瑜？

你我小公民向北檢呼籲：在起訴前是不是先驗林男的血和尿液，看他是不是吃了超標的「萊毒」，使他失心瘋，午夜痛打高嘉瑜，逼人自白等等，……還有要徹查他的二千餘萬現金存款，是不是來自販賣「萊毒」所得，以正視聽。

這兩件偵查非常重要，足以證明林男的刑事案件，是否和美國毒豬事件相關？如果答案是否定，那麼國民黨有心人士把兩者混在一起，惟恐天下不亂，顯然別有居心。

全臺人民可以瞭解，國民黨此種翻雲覆雨手段，人民思空見慣，國民黨不幹，才是奇怪！國民黨要亂，你我小公民不見得會跟著亂。

一件「午夜牛郎」之亂，當家的民進黨也跟著亂，到底黨內有沒有大人了？還是這幾年來日子過得太舒坦了，連「武肺病毒」不管哪種變種，都不是對手？真是釃酒臨江，橫槊賦詩，固一世之雄，偉大耶，民進黨是也！

林男牛郎對外號稱他是國安祕員，倒令顧某想起民進黨內某要人。此人民調出身，曾在某次內部會議自稱他的民調，是要經宮廟神祈的香火煙薰，神明保佑後才開封示眾，在黨內一時引爲趣談，此爺後高昇國安部門。

林男牛郎善於鑽營逢迎，若有貴人引介，當個國安小囉嘍、小眼線，對外自稱在國安部門行走，負有網軍任務，從此可以「狐假虎威」，令民選議員樂於和其交往，誤以爲有事時有人會在網路上喬事照顧，總是好事。牛郎「狐假虎威」的聲勢，令人尊敬，其人當然樂此不疲，總比在政治大學博士班好混、有趣的多。連前總統都可能被十來歲玩塔羅牌算命的小廝，玩弄於股掌之間；高嘉瑜中計，慘受皮肉之痛，只能說「智有所短」。令人費解的是六月間已被打一次，十一月怎麼又被萊毒，皮開肉綻！

至於媒體牽扯的另位民進黨大爺，平日自視甚高，媒體稱其爲「狠武」，其人有如怒目金剛，不假辭色，得理不饒人，和這位性格幾近吃軟飯的牛郎之間，習相遠，若被波及只算是遭池魚之殃。總不能要求半退休的大老們，只能在鋼琴 BAR

中和年輕美媚，談宇宙大爆炸或多重宇宙吧！

所以，美豬的公共議題和午夜牛郎的刑事問題，風馬牛不相及。美豬有關國家政治前途和外交結盟策略，你我小公民們都要嚴正注視，稍有不慎，你我身家性命和自由自在的生活都會受其摧毀；當然不容許有心人，心存禍端，與敵人共舞，開城門歡迎：這個月18日我們全民就可作個決定。

至於痛打高嘉瑜的午夜牛郎是個獨立事件：牛郎到底劈了多少美媚，拍了多少豔照，在網路上提供給多少同好，是不是有虐待狂的症候，是不是可以「加重傷害」、「妨害自由」、「脅迫」等罪議處，都是北檢的事。

民進黨內某些派系、某些主管當然要被追究識人不明的責任，爲宵小所乘。所謂「請神容易送神難」，網路上左手可以反民進黨，右手可以反國民黨，小鬼難纏：民眾黨、國民黨在網路世界裡，你們難道沒有如民進黨此回同樣的問題？

對高嘉瑜委員，顧某人的精神科醫師朋友倒是有個忠告：每個社會都有3％反社會的人存在，貌似清純方正，誰知道有沒有要人命的「虐待症」傾向，身體膚髮受之父母，此後千萬小心！

51. 國民黨是否該改叫「蔣萬安」為「章萬安」了？

國民黨應該改叫「蔣萬安」爲「章萬安」了，如果蔣經國日記裡，白紙黑字，所記載的是事實，那麼經國先生自己都證實他沒有非婚生的兒子。

那麼「章孝嚴」依據什麼理由，在經國先生去世後，說他是經國先生的哲嗣，爲了認祖歸宗，改姓名爲「蔣孝嚴」？如今經國先生在日記披露彼非他的親生，也讓國人多少附帶明白爲什麼章孝嚴的孿生弟弟，前東吳大學校長章孝慈，一生耿介書生，卻不願改姓歸宗；人倫大事，爲何作此迴避？近日媒體透露蔣宋美齡女士，生前曾兩次詢問章家兄弟的身世，經國先生所答與日記所記無異。

媒體更透露經國先生的後代嫡嗣，大概是「友」字輩的，並不反對和蔣萬安一起作 DNA 檢測。令人詫異的是，反對的倒是開啓此「國民議題」的蔣孝嚴，說這樣的檢測對長輩「不敬」！難道蔣孝嚴要讓經國先生蒙上（在日記上）所言失準之冤？他眞的不怕國民黨內有人會自訴：蔣孝嚴誤導公務人員，登記不實！——蔣孝嚴不是經國先生的兒子，蔣萬安不是蔣經國的孫子！

國民黨內當然有人會公然或委婉的提出這個疑問，據說蔣萬安是 2022 年臺北市長最熱門的規劃人選，黨中央的內定，國民黨內有多少俊彥會深深不以爲然！天龍國內立志願爲「儲君」者眾，苗紅根正、有德者居之，豈能讓蔣家「私淑的」兒孫覬覦？

臺北市民清楚知道連、羅、韓早有鴻鵠之志，誓當臺北市長。連大公子不願屈居黨的祕書長，視「中央建制派」爲「丐幫」，只知爲爭奪殘羹剩飯，勢如水火，令黨內志士不齒；故而和反建制派的朱爺形影不離，相互唱和：朱爺主攻「黨主席」，入據中樞；連大公子，不言而喻，臺北市長非其莫屬！

善於網路叫賣的羅某人，馬前總統爲其奧援，勢力雄厚；此君雖然口無遮攔，卻身段柔軟，號稱可選總統、黨主席、可當大小院長，來者不拒，何況區區市長？

韓流教主近日閉關沉潛，不妄自招惹塵埃，樹欲靜而風不止，全國選民都知道臺北市乃是韓教主的初戀和最愛。要不是當年吳主席慧眼不識英雄，斥令其轉彎，

「北伐」淪為「南征」，也不會有 2020 年的波濤洶湧，差點令國民黨沒頂。韓爺驀然回首，佳人仍在燈火闌珊處，來者猶可追！

近日，更有老生重入江湖，要以國民黨中評委為踏腳石，進可選總統，退可據主席，最壞也不過從跌倒處重新站起，再選臺北市長——人生七十才開始，誰說不能再當「金童」？何況國民黨多的是氾氾之輩，需才孔殷，「七十金童」哪算是歷史逆流？

國民黨中央建制派會說以蔣萬安為規劃人選，是因為他年輕、清新，可令國民黨一新耳目，吸收年輕世代的選票，而不是因為他姓蔣。如果國民黨中央是因萬安同志個人性格特質，對其有所期待，那麼萬安家中大人畏懼對「長輩」的不敬，遲遲不願作 DNA 檢測，妨礙選民對政治人物「知」的權利，國民黨可以為杜人悠悠之口，無妨暫時叫「蔣萬安」為「章萬安」同志，以示國民黨是非分明，實事求是。在沒有科學證明姓蔣之前，依法行政，姓章有何不可？對黨內同志一視同仁，內外無所畛域，更沒有所謂「中央建制派」內定的「金孫」！

52. 年輕世代搞倒中國國民黨最好的辦法

中國國民黨不倒，臺灣不會好。要搞倒中國國民黨不難，年輕世代只要 2022 和 2024 年，戰略性地票投民進黨，把她養大，令中國門派乏人問津；再用選票逼民進黨分裂成本土的、現代的臺灣左派和臺灣右派兩大政黨。

票投民進黨不是要年輕世代對民進黨有太多不切實際的幻想，而是以她為「孕母」，催生現代社會左右兩政黨出現；從此只有本土的兩黨，左右之分，合乎現代的政治潮流，不必要再以敵為師，「表」什麼？

這本來是李登輝時代，中國國民黨該做的事。藉著「萬年執政」之勢，因勢利導，成就新的萬年基業，可進可退，為歷史造一新奇。可惜，國民黨黨國思想中毒太深，萬變不改其宗，漢賊不兩立，他才是軸心，要全世界跟著他轉；就像有人油漆地板，一閃神，就把自己刷進裡頭。走不出來的「漢」，時不我予，只有當

「賊」的命，這就是所謂「求仁而得仁」？

胡某有位鄉先輩曾以日本自民黨「萬年執政」爲例，問李前總統爲何不能促成國民黨的改變？李總統含蓄地回答，他對中國國民黨的認識和判斷有些失準。國民黨多年來在臺灣，握有很好的牌局，居然弄到自己必須到對岸，立正站好（幸運的還不致跪拜），傾聽習天子訓話的份，坐實了成者爲王，敗者爲寇的歷史定律。

遺憾地，國民黨不但以敵爲師，甚至有恃無恐，進而以豬的五臟六腑作爲政爭的工具。先鬥臭，再鬥垮，臭不可聞問，形勢才會大好！這番形勢，連他們對岸的新盟友都看不下去，這算什麼「中國式」的文明！

民國初年，國民黨人稱中華民國國會的北洋系議員爲「豬仔議員」。百年以後，這個民國史中赫赫有名的「專有名詞」，推陳出新，今日居然另有所屬！看來孫中山在黃埔軍校所開三民主義的課，耳提面命，算是白開了！臺灣新的「豬仔議員」是不需要那麼多啓迪與教化的！

臺灣年輕世代要避免和豬心、豬肝、豬腸子、豬腦袋爲伍，消滅禍源的最好辦法當然就是搞倒國民黨。要搞倒國民黨，說穿了，不需要什麼隆中三策、智囊妙計；只要臺灣新生代 2022 和 2024 年選舉，全力杯葛國民黨，管他什麼「蔣萬安」、「侯友宜」，舉國一致，戰略性投票，令中國國民黨成爲歷史。

因此，臺灣兩個本土、現代化的政黨，必然出現，左右共治。臺灣年輕世代莫忘了你們有旋乾轉坤的能耐，有創造千古未有新奇之機緣。禮失求諸新世代，莫妄自菲薄，逃避責任：你們的命運，和臺灣的未來，完全在於你們手中！

53. 美國政治文化優先，再考慮新的世界

川普最容易令世人誤解，就是他的美國政治文化優先，再考慮新世界的立場。所謂美國政治，要從兩個觀點來探討：一是美國的民格，二是美國的利益。要找尋到美國的民格，才能了解美國的利益所在。

美國的民格是指美國本土性的性格，不是猶太裔色彩的全球主義、種族混合，不是少數民族所高喊的平權主義，不是好萊塢影歌星所陶醉的自由選擇的生活情境，更不是高科技、金融、投資等跨國公司有龐大利益的自由貿易，林林總總強加於其上，說這才是美國人應有的性格和文化。

美國的「另類右派」想尋求和重建的是「民族國家」的「文化自我」。而不是一開始就跳入所謂「以美國爲中心的世界秩序」自我陶醉的幻境，不知道自我，遑論自己的現實利益？這是美國成熟和體認自我有限性的開始。

川普的某些高級幕僚不諱言他們是「南方之子」，也就不是那麼奇怪了！南方文化不如東北角諸州是歐陸文化的延續。假如更進一步，你願意用黑格爾式的「大歷史」觀點來理解，事實是美國南北內戰文化面還沒結束。當你讀美國內戰史時，你常會很驚愕地感受到南方的所謂「叛軍」，像是南方社會的縮影：農莊主人、名流，夥同親鄰好友、自家子弟、小農戶、佃農、甚至農奴，爲保護他們的鄰里社會傳統、個人的性格尊嚴、在尙武精神鼓動下的「動員」。讀過佛克納中篇小說《熊》（*Bear*），大概就可感受到此種里鄰親友、上下世代間，親密一體，一起從事某項「我們有志一同工作」的南方精神和文化。

勝利的北方，靠著相對工業化、都市化，人口眾多，源源不絕的移民，掌控「解放奴隸制度」道德高度，會想介入干涉的歐洲列強裹足不前；打「消耗戰」，豈是本土型農莊社會的南方所能抗衡？北方勝利後，取得政治文化發展的主控權，向西部擴展，接著美國和西班牙帝國的戰爭，海外掠奪殖民地，初次嘗到當個列強的滋味。接著因緣濟會，廣大的領土資源和龐大外來人口移民，新的「羅馬帝國」的潛力豈是歐陸老列強所能比擬？兩次世界大戰和與共產帝國鬥爭取得勝利後，誰說這不是以美國爲中心的世界秩序？

在一路不停息的「自由膨脹」歷史進程中，似乎沒有一段安靜「反思」（reflection）的日子。成功的時代為什麼需要反思？只有當美國介入越戰，戰爭不順利，美國犧牲慘重，美國國內青年學子的反戰示威（因徵召而需參戰），風起雲湧地刮起「反文化」的思潮時，民主黨的詹森總統還很天眞地說，經濟學家（凱因斯？）已經發現經濟成長的祕密；因此我們可以花費資源，抑制共產主義在中南半島的侵略，也可同時在國內進行消滅貧窮，各類民權法案的「大社會」計劃。

只有「深謀遠慮」的尼克森瞭解到「大有為」聯邦政府任意擴大權力，壓制地方自主性和文化，一定會激起反感和抵抗，尤其是南方的白人。七十年代尼克森的「南方戰略」，把傳統支持民主黨的南方白人，輕鬆地挖到共和黨陣營，我們今日看到的美國內部政治的所謂「藍軍」、「紅軍」，政治上的「楚河漢界」清清楚楚，都是從那時開始的。

尼克森總統瞭解，美國內部政治版塊的「斷層」出自於南北政治信仰的「分裂」（schism），卻不以為此種分裂的解決會那麼重要。重要的是美國在這世界的領導地位。而美國取有這種領導地位需有個意識形態的說法：全球主義、自由貿易、普世價值、人權、種族混合。雖然這些都是外來的，不是本土成長、文明躍升而形成的。美國的全球角色，是歷史命運意外所造成，不是美國帶有孤立色彩的自我本土精神所引導出來。外來的理想，經由東北角自由派媒體所宣揚的，強加於其上，不幸的這些媒體都由猶太族裔所控制。

最足以說明尼克森總統複雜性格和思維的是：他決意結束越戰，那是自由派媒體一致要求的，但他卻遲遲不同意特赦躲避越戰徵召，而逃到加拿大的眾多青年，因為其中太多是猶太裔名門子弟，尤其是來自紐約市。為什麼美國本土的農村、沒有機會受什麼高等教育的子弟，要不成比例地為國家犧牲生命，而既得利益精英階級的子弟卻不需要？……雙方的「怨」結得很深，不要單純地把日後的「水門事件」當作只是法律事件，雙方陣營的政治恩怨相當複雜。二、三十年後，前聯邦調查局副局長自己承認，他就是水門事件的「深喉嚨」。美國社會並沒有把他當作「人民英雄」、「自由鬥士」看待。一葉知秋，美國社會的意識形態早就開始慢慢地向右轉了。

有人說，川普是另一個尼克森，只是沒有伊的滑溜和老練。到目前為止，川普還沒有表現出尼克森總統的「敢做敢為」：越戰期間的某個聖誕節夜晚，這個應該是聖歌洋溢、愛、寧靜、和平的夜晚，尼克森總統不避忌諱，下令百餘架次 B-52

地毯式轟炸北越河內，全世界輿論大譁，爲的只是逼共產黨在談判桌上作些退讓！

十多年前有位哥倫比亞廣播公司的名媒體人，就曾誓言：若常拼字有困難的「德州佬」右派的小布希選上總統，他就移民到歐洲。十多年過了，如果他現在還健在，看來更別無選擇，那麼歐洲是不是他當年心目中的歐洲？

如果「恐攻」都可以威脅到儲藏歐洲璀璨文化遺產的羅浮宮，法國政府還要調動軍隊來保護；川普在機場設立關卡，暫時（三到五年）禁止七個滿佈恐怖分子的穆斯林國家的公民，進入美國，等消滅 ISIS 以後再說，最多只算是另類較長時間的「隔離檢疫」，右派人士一定會說，這有什麼不對？不要再談普世價值的人權，消滅宗教狂熱的恐怖組織更爲重要。一般美國人都會慢慢地朝這方向思考，假如恐攻如所預期的，接二連三地再發生。

令一般美國人納悶的是：川普總統怎麼會對普丁有異乎尋常的「親善」？也會慢慢瞭解到：當年外來的「世界主義」橫加在俄羅斯上，使得羅曼諾夫帝俄皇朝及東正教的傳統歷史斷裂，普丁所努力的就是要把這段外來的歷史清除，恢復傳統俄羅斯文化和強權應有的尊嚴；就像川普及其謀士們要將寄生在美國國力的另種世界主義，清除出去一樣。這種加在美國身上的新世界主義所造成的全球秩序，這數十年來的結論，顯然破綻百出，難以成事，歐盟的困局就是眼前實例；何況它對美國潛在敵人非常有利，而對美國無益。

如果我們相信世界的亂局來自「文明的衝突」，或許川普的策士們所期望的是，讓歷史上承繼東羅馬拜占庭帝國（Byzantium）的俄羅斯文明和回教帝國的文明再起衝突，歷史迴流，兩者間有數百年的爭戰的歷史。俄羅斯負責「清剿」，美國負責「圍堵」，因為美國需要出全力面對另一個東亞文明。沒有文明的自我，如何處理文明間的衝突？美國政治文化的統合強化後，再考慮新的世界：不要低估這位紐約市的地產商人和他的謀士群，更重要的是要注意美國向右轉的政治洋流！

54.馬雲萬歲！

還記得 1911 年六月的「四川保路運動」？進步黨人主導，四川士紳和群眾爲保衛他們對川漢、粵漢鐵路的投資，不被清朝政府收歸國有，而做的罷工罷市、數萬人的流血抗爭。歷史學家稱若無四川保路運動，同年十月十日的武昌起義必被推遲，歷史必被重寫！

顯然革命要成功，發光發熱，哪能靠「讀書人」嘔心瀝血，草擬新憲法草案，所謂的四大堅持，五大目標？封閉體制內總要有人內部自發，運籌帷幄，發動外邊工農兵群眾，內外呼應，才能成事。這點以群眾運動起家的共產黨人最清楚，也最擔心。口口聲聲喊工農兵群眾，要維穩，其實最怕的是藏身黨內的「工賊」、「叛徒」、「毒草」、「走資派」、「修正主義」，「新自由主義」——體制內的「蠢動」才會鬧出大麻煩，蘇聯不是這樣塌臺的嗎？

中國自從「姓黨的」有了「人臉辨識系統」、「社會安全信用點數」、「再教育集中營」，當然不怕有外頭人們會揭竿起義（飛蛾撲火？）。看看香港民主人士的命運，全世界群起聲援，又怎麼了？當年「六四屠殺」，全球聲討杯葛，不是成就了日後二、三十年的經濟奇蹟？香港看來會有另一次另類的「九七回歸」？不要以爲「順民香港」就是天大的悲劇（有些臺商、在臺的同路人都在呵呵笑了！）起來！起來！不願當奴隸的人們！（誰的奴隸？）；臺灣不能看中天新聞又怎麼了？十年內見眞章！

共產黨怕的是藏在黨內的「工賊」、「叛徒」、「毒草」、「走資派」、「修正主義者」、「新自由主義」。外頭人民的溫州幫、寧波幫、杭州幫、上海幫，雖然聲勢浩大，罄竹難書，黨中央實在懶得理，沒有什麼好畏懼的。若是黨內、黨外互通聲氣，協同作戰，那可就是另種政治形勢了。

所以阿里巴巴、螞蟻金服的馬雲，首當其衝，是可以理解的。馬先生被視爲黨內最大走資派（一般公認他是共產黨員），政二代、富二代的共主，而且是全世界尊崇、羡慕的紅頂商人、超級買辦。馬先生英文說得溜，不必像前人隨時隨地，引用莎士比亞，夫子自道，而自曝其短。華爾街不把馬雲當成寶貝，肝膽相照，難道中國還有第二人？

中國民營企業哪能大到不能倒，動搖國本，阿里巴巴螞蟻金服會是個例外？「中國人民銀行」可以倒，「馬雲金控」和其同僚——不能倒！誰說「沒有系統」的共產黨已經完成歷史任務，氣數已盡，準備交棒？如果不是，那麼「天無二日，民無二主」，要實現中國式社會主義，當然要看奉天承運的習天子，哪能容忍另個螞蟻王的「馬主席」？

何況，美帝、日寇對中國的霸凌日甚一日，要超前佈署，是發動戰時體制的時機了。武漢封城是小小的演習，接下來當然是建立戰時體制的經濟秩序。二次大戰前德國納粹黨的「黨國資本主義」，就是學習的對象。中國的某位經濟國師最近不是這樣說，中國的經濟可以建構成像是一艘「航空母艦」。吾人不得不相信：這不就是戰時、平時兩相宜，進退自如「黨國資本主義」的隱喻。

看來要由馬雲帶領，「國退民進」尊重市場機制，鼓勵創發，不開當鋪的作法，像是遠在天邊的金色彩霞。要在長長黑夜過後，東邊才會出現幾顆燦亮的晨星，再下來旭日躍升，東方有個「紅太陽」。中國人民要由「內部改造」，高呼「馬雲萬歲！」「馬主席萬歲！」的日子，新的武昌起義，看來有待來日。

在此之前，馬先生可要政躬康泰，謙卑、謙卑、再謙卑。對日抗戰後期，爲解決國共間的衝突，毛主席和美國駐華大使，從延安飛到重慶；一下飛機，毛主席立即對中外媒體，高呼「蔣委員長萬歲」，其情激越！世說：「人在別人屋簷下，不得不低頭！」在「馬雲萬歲」的呼聲高聳天際之前，學習振臂高喊「習主席萬歲」，絕對是件好事：此時可是天無二日、民無二主的時空環境，形勢比人強！

55.「我們不是中國人！」事件

多年前，大專生在畢業前會在成功嶺有段三個月的集訓。各大專院校的僑生們，大概是基於同爲「炎黃子孫」的民族大義，也得參予。

某天，某連隊値星官早點名完，一時熱血沸騰，愛國心起，帶隊振臂高呼愛國口號「蔣總統萬歲！」、「中華民國萬歲！」。當然，愛國不後人，全連也聲嘶力竭地跟著高呼。

不對！不對！前排兩名「鄰兵」學員，只立正站好，不動聲色！値星官見狀大怒，向前一步，厲聲指責：

「你們爲什麼不呼口號？」……

「你們不愛國！」……

「你們是不是——中國人？」……

只見那位比較高瘦的印尼僑生，對值星官行個徒手禮，高聲地、決斷地說：「報告長官，我們不是中國人！」

此時，全連學員都被嚇倒了，集合場上的空氣凝結成一塊，好像有人要被拉出……槍斃！還好，輔導長見狀立即快步向前，把兩位「不是中國人」帶回連部。從此我們不再看見那兩位炎黃子孫，班長告訴我們：「他們被退訓了！」

多年後，漂洋過海，爲謀食生存，流浪四方，不時遇到爲求「綠卡」，虛假僞善，不擇手段，卻又自詡爲第一流的中國人。那時腦海就會浮起那位僑生黝黑的臉龐：似乎「不是中國人」也能活得堂堂正正！

56. 爲什麼不把國旗刺青在身上？

有人說國瑜黨不只是義和團，應以納粹法西斯視之。此類看法倒是有點高估國瑜黨的格調。

有納粹的信徒會把希特勒的圖像印在日耳曼帝國國旗上，甚至寫上政治標語。這些品項都是神物、圖騰，「領袖」只是這些神聖物品的化身，一時的效忠對象，不是永恆的另類圖騰。

當納粹法西斯集會時，衛隊護著黨旗、國旗進場，華格納樂曲響起，其嚴肅性有如宗教彌撒。神物的純淨性、嚴肅性、永恆性，嚴格保護，哪有把黨旗、國旗庸俗化、綜藝化，甚至剪裁之，化爲流行時尚？即使一黨專政的中共，有沒有人敢在五星旗上印上毛澤東或習近平的肖像？天安門上的大大五星旗上，有沒有習近平的肖像？五星旗是共和國的，不是主席、總書記所專有！沒有人敢穿著五星旗裝在北京王府井大街閒逛！

或許，國瑜黨雖然口口聲聲，訴說他們要保衛中華民國，但是他們沒有信心，中華民國是不是屬於他們的？因此被迫要在國旗上動點手腳，非我莫屬；還是下意識地要把國旗穿在身上，才會心安，不會被民進黨偷去，才可以「名正言順」，以中華民國之名，發號施令？

如果慎思熟慮如此，那麼爲什麼不把國旗就刺青在身上，從頭到腳，有如黑龍會組員全身上下的八爪金龍，張牙舞爪，噴之欲出。若是「無敵神力女超人」肯如此做，國旗刺青一上身，一定特別美麗！哪裡是青天？哪裡是白日？哪裡是滿地紅？有許多選民，一定想「一窺究竟」，看圖樣可以如何設計，而票投國瑜黨！

把國旗刺青在身上，身體力行，永遠的九二共識，中華民國派！然後大夥兒集體到大陸旅遊，看看習近平同志，拿你們有什麼辦法？難道要抓去「剝皮」？有什麼好害怕的，會亡什麼國？叫什麼戰？這可是和蔡英文辯論「兩岸政策」要踏出的第一步！

57. 男人靠下半身，女人靠上半身

「韓主席如是說」，又添一經典名言：「男人靠下半身，女人靠上半身。」上半身有兩最重要的器官：心臟和大腦。據說人類生死存亡關鍵之際，而被迫放棄生命時，如溺水，心臟和大腦是最後保衛的堡壘，身體其他部分的生存，皆可先行放棄。

那麼韓主席說，女人靠上半身的意思，我們猜測他是說，女人比較「男性蠢物」更知道哪是重要，哪是不重要？有此深刻瞭解，再依「用進廢退」的生物原理，女人的心臟一定比男人「強悍」，大腦一定比男人「發達」，怪不得女性平均壽命比男姓多了四、五歲，舉世皆然，不僅臺灣。

如果您不相信「女人萬歲論」，試著想想「蠢物一類」，除了喝酒、召妓、玩女人外，還有什麼有意義的活幹？這點也和生物界的「雄蜂」沒什麼兩樣：雄蜂們除了全力爭取「蜂后」的注意，顧盼自雄，前仆後繼，你死我活，爭取被「臨幸」的機會，牠們到底還有什麼更偉大的功能？

整天嗡嗡嗡，不顧烈日當頭，辛苦採蜜的眾多工蜂「苦命人家」，不知道該作何想？我們的苦命人家「工蜂」們，眞的需要哪些飛揚拔扈，只剩一張嘴的，只會誇耀他們下半身的「蠢物」嗎？

其實人世間也應當如是觀！最近一週，大家不是熱烈討論什麼「配」嗎？如依「女人萬歲論」或是「下半身男人說」，顯然國民黨「韓張配」不是很理想的結合，怪不得張某人會出口暢言：「不要投國民黨，可以考慮投民眾黨！」國民黨全黨翻臉大怒，到底誰才是眞正的「共諜」？令習慣一出口就傷人的柯P，也受寵若驚，他一定想，靠下半身的男人眞的沒路用！難怪靠上半身的學姐會有如此威力！

假如「韓張配」不理想，那麼內舉不避親，「韓李配」如何？甚至夫以妻爲貴，「李韓配」如何？會洗內衣的，或是會炒房的，到底哪位的「上半身」比較高明？

四面楚歌的吳主席，大家期盼他能臨危愼斷，提出「換韓」的建議，以李代韓，「李韓配」，上半身和下半身合而爲一，天地乾坤，不再有蓋頭不蓋腳的尷尬，發揮宇宙的正能量到極致。如此擎天一擊，定海神針，誰說國民黨的選情，不會立即翻轉？

何況，連韓總都說女人上半身比較行，可爲依靠，當然包括韓總的女人。臺灣再度出位女總統有何不好？至少穿起國旗裝的李總統候選人，必然婀娜多姿，曼妙動人，誰不愛屋及烏，票投國民黨？連派、馬派、朱系、郝派、雲林張家、臺中顏家、花蓮傅家、高雄白派，全黨各家各派，不論中央、地方，爭什麼不分區和排名？母儀可治天下，有此認識，國民黨大勝有如翻掌之易，李娘娘已經準備好了，黨國何幸！吳主席您說是嗎？

58. 韓國瑜的小雨傘

還記得幾天前，韓國瑜說，海外有五千萬僑胞，願意爲他出力和出氣，霸凌「反韓人士」，干他啥事？

現在韓爺的說法更形精進：到底施暴的韓粉是「眞韓粉」，還是「假韓粉」？以前呼群保義的朋友不認了，現在則是，朋友是敵人派來臥底的。歌星詹雅雯所受的霸凌，不是「韓粉」幹的，是「假韓粉」栽贓的！黃安也是敵人派來的！

那麼，這二、三個月造成的韓流風潮，人見人怕、事事霸凌的「義勇軍」都不是韓粉，而是，「假韓粉」出盡全力，成就韓爺的風潮？那位有名有姓，受韓爺的感召，願意「殺人放火」的女士，也是假韓粉；珠淚雙垂、北漂的「不孝女」也是假韓粉；爲菜農呼天搶地、爲民請命的「髮臘哥」也是假韓粉——都是敵人派出來臥底，污蔑韓爺的。

韓爺有此激烈性的轉變，是因爲大好形勢已成，「流寇」要轉型成爲「官軍」，才會說服中間的善良百姓。可見韓爺現在多麼有信心，非不久以前「流寇」可比。因此他宣稱要清清白白的選，不要骯骯髒髒的勝利。

當國民黨黨主席取笑「肥滋滋女性」，當然不是韓粉了，那麼韓爺爲什麼要爲他的長官道歉？說他是臥底的，是「假韓粉」，不就得了。說眞的，「上天有眼」，國民黨黨主席的眞情一時流露。其實，白主席用詞的「凶猛程度」還不及「義勇軍」凶惡的萬一！當然，韓爺會說這些「義勇軍」都是敵人穿上韓軍軍服，來搗蛋、滲透的！

因此穿軍服不可靠，會呼叫口號，手搖紅旗也不可靠，所謂打著紅旗反紅旗。現在韓爺「禁衛軍」的標準是像他一樣，要有個「月亮頭」。如今他正在招募一百名「禿子」（韓爺的用語），能夠有三百名更好！無髮才會無天，禿子打傘，「無髮無天」，才有革命志氣！這個星期五，選前之夜的「大進場」，可能會是三百顆月亮，打著傘，行進間，出乎衆人意料，卻是細聲細氣、溫馨地唱著：

咱二人，作陣拿著一枝小雨傘，雨越大，我來照顧你，你來照顧我，雖然二人行相偎，遇著風雨這呢大，黑暗小路又歹走，咱著小心行……

請不要吃驚，這叫作「撥亂反正」！從「眞韓粉」到「假韓粉」，從〈夜襲〉到〈小雨傘〉，可見韓爺會因現實需要，而做各種欺敵的擬態變換，辯證學上這叫作「矛盾統一」。誰說韓爺只會「賣菜」、「圈地」和「直銷」？人家北京大學的學位不會是白念的！

59. 假如習近平來臺灣發紅包……

國民黨的九二共識被接受後，某年某日某個農曆新年，習近平決定到臺灣發紅包，會是何等景象？

每人一包十元人民幣，絕不會是一元新臺幣。排隊拿紅包的人潮，一定比中國國慶長假，擠在長城上的人潮還多。下午四點鐘以前進場排隊的臺灣同胞，保證人人一定拿得到，不論是等到晚上八點或九點。

中天新聞轉播，偷偷告訴一天大好消息：你若是「禿子」或快變禿，可要求習主席摸下頭，貫氣，據說會有神效。天子啊！天子摸頭，龍氣貫頂，青春泉湧，頂上「黑森林」重現，誰幹嘛要個「月亮頭」？

從此「天子頭」變成臺灣新時尚。大大小小臺灣政治人物到北京進謁習主席，都期待能被「摸下頭」。有了「天子頭」，即使「美式民主」的選舉一到，不管是全民調、三七開、美式初選制、幹部制，保證水來土掩，兵來將擋，無往不利，這是票房保證。

原來，不只臺灣政客喜歡被摸頭，臺灣百姓也喜歡。發紅包兼摸頭，臺灣的政治文化就快到頂了：臺灣政治文明哪有什麼「智」好反？若北京智庫稱精緻台獨們為「新自由主義者」，反對他們就是「反智主義」，算是共產黨太低估了自己，高估了台獨他們。

從此，習主席能摸頭，肯摸頭，美式民主哪是對手？那一小撮台獨，哪能再挾美式民主而令天下？你們要的全民公投，請便！

臺灣同胞，不是怕喪失美式民主嗎？國台辦口乾舌燥，再三保證，不用擔心，「美式民主」可以和歌廳、舞廳、賭場、馬場、賽車場，互別苗頭，海天一色，五十年共存不變。慚愧！慚愧！我們國台辦搞了二、三十年「對臺工作」，才搞清楚：原來，臺灣國民的民智只是如此，還比不上習主席的紅包和摸頭術。

60. 臺灣不是美國的，當然更不是中國的！

中國外交部長王毅說：「臺灣不是美國的。」——不是美國的，難道臺灣就一定要是中國的？

如果已經是中國的，王部長所代表的政府就不再需要一直說，向全世界說：「一個中國，中華人民共和國代表中國，臺灣是中國的一部分。」可是史實卻是：建立中華人民共和國的中國共產黨在「落草爲寇」（依國民黨的歷史觀點）之時，可不這樣想。黨和黨的領袖都曾說過臺灣是被（日本）帝國主義殖民的地方，臺灣人民要反抗帝國主義，理當獨立！

所以，當日本帝國主義者有槍桿子時，中國共產黨的觀點：臺灣理當獨立。那麼當中國有更大更強的槍桿子時，中國共產黨的觀點呢？臺灣是不是更應該「理當獨立」？還是臺灣人可要小心翼翼，哈手縮腰，滿臉堆笑：「我們可以獨立了吧！」答案家喻戶曉，天下無人不知，中國共產黨說：「你們不要命了，想獨立！」

由此，我們可以了解，槍桿子何等重要！有槍桿子和沒槍桿子時，可以給人的臉色完全不同！毛主席說「槍桿子出政權」，可能說的還不夠徹底，需要我們小小臺灣人民強力加以補充！

「槍桿子出政權」是要對內施行一黨「法西斯專政」用的：你敢不聽話，就要出槍桿子。槍桿子若夠大、威力夠強，「行有餘力」，當然要對外輸出，當起帝國主義，到處找「殖民地」，才夠得上「漢唐盛世」！

1870 年七月，普法戰爭，普魯士勝利，德意志各邦統一後，德皇威廉的第一件整軍經武的大事就是擴建「遠洋海軍」，和歐洲各強權爭奪非洲「殖民地」（一帶一路）；並準備建造柏林──巴格達鐵道（有如連接東南亞半島）。更學習日本帝國主義者把日本海視作內海，是日本的「湖」；依此，南海九段線，自古就是中國的「內海」，自然就不在話下！──德皇威廉是不是如其所願？有歷史學家說他和其幕僚，是中了大英帝國的計謀，掉入陷阱！

「槍桿子出政權」的理論可以如此提升，無限上綱，有何不可？只要有人有相對的實力，罩得住，何人敢吭氣！臺灣人有個俗諺，踮起腳來拿神桌上供品，就是「貪」。所以要拿供品，當然要先衡量自己手臂是否夠長，腳是否碩壯？要不然勉力而行，後果若是灰頭土臉，天怒人怨，還算是小事；要是賭上國運，百年馬拉松到時停擺、崩倒，來日凶險難測！可能眞是三千年來未有之變局！

說得明白點：槍桿子出政權有個重要的配套就是「實力原則」，要準確衡量和敵人的實力差距。說得明白些：自己的航母有多少，效能多高？飛彈庫存多少，準不準？潛艦有多少，匿蹤潛伏可多久？……許多許多都要精準衡量，因爲此時「攻擊臺灣」等於是當年的「偷襲珍珠港」：台積電的工廠等於是珍珠港內的航母和主力艦。

日軍偷襲珍珠港花了多少年的心思，主帥聯合艦隊司令山本五十六一開始就反對對美開戰。他當過駐美武官，據說他曾說過這段話：「你在美國中西部旅行，細數他們的工業用煙囪數，再回日本本州再數一次煙囪，就知道對美開戰不得！」

他的觀點爲軍部的激進軍人所痛恨。山本司令官爲怕被暗殺，長年在他的旗艦長州號上。要等到美國對日本煤鐵、石油禁運，山本司令官才和參謀本部達成妥協，而有突襲珍珠港計劃。山本司令官要求參謀本部必須在開戰後兩年之內，和美國開啓談判：山本明白日本最多只能撐兩年！

中國有一些人以爲美國正在「社會文化」敗落中，國家沒有紀律，此時和其敵對，有何不可？他們大概不知道美國的敗落，主要原因之一就是自蘇聯共產帝國解體覆滅後，沒有一個足以威脅她的敵人出現。美國需要敵人。

中國此時出現，好像也很樂意當美國的敵人？美國是不是因爲有個強敵上場了，威脅她的地位因而「精神集中」？你我可能不得而知，有一點臺灣人必須清楚的：不要只受東北角的《紐約時報》、《華盛頓郵報》、CNN 等左派、自由媒體的影響，以爲美國沒有本土的「民族主義」，這是所謂美國觀察專家們很嚴重的盲點：美國的人口、政治中心，年年逐漸往南移。

看美國，要觀察這些創造網路新媒體的新世代。有人常說民主沒有效率，獨裁才有效率，是否如此？——你我可能已經注意到沒有效率的民主，才會有新媒體、新企業的出現。他們的新生代絕不會有馬雲、馬化騰所受到的災難。社會也不會有廣大一群受約制、被支使的「粉紅」年輕世代，隨時準備出征！誰放的毒，誰就有責任收回，他們有能力收回嗎？

臺灣新世代難道也願意喪失自我，淪爲「粉紅一群」！臺灣不是美國的，但是政治文化相近必然親美。臺灣新生代到山東餃子館吃餃子，是因爲下意識認爲他們是中國人？臺灣人很多人好吃韓式烤肉，他們想當韓國人？或是好吃「貝哥」就是想當猶太人？好嘗德州牛排就想當德州州民？臺灣人民心胸開放，想當各國人民的選擇很多，但是他們絕不想當恐嚇他們、脅迫他們、要「再教育」他們，改變他們心性的那一國國民！

61. Be serious，臺大眞的鬧鬼了！

前陣子有人說臺大的鬼故事。臺大陰魂的老巢是醉月湖，盤據文學館，近日盛傳文學館要打掉重建，眾家兄弟姊妹按捺不住，乘著七月陰陽交替，陰盛陽衰，決定喬遷到新蓋美倫美奐、寬敞光亮的社會科學研究館。

看來臺大百年學術厚實，外溢效應顯著，不分畛域，陰陽並濟；連眾兄弟姐妹們都受惠而有「品味」，知道選擇公正、公開的社會科學館，四處行走的都是誠實的「正人君子」。若是選擇，例如說，物理館裡頭的怪咖們，搞不清楚陰陽，硬要把費米子、玻色子打成超級空間裡的「超級子」，然後打入黑洞中，受「超級重力」的折磨，眾兄弟姐妹們一定永世不得超生。

好險！好險！要不是臺大百年學術所建立的人文薈萃寶地，眾家兄弟姊妹哪會有此智能，避險求安，早就失魂落魄，灰飛煙滅，哪能以「智人」形象繼續行走人間！

所以，有人說臺大鬧鬼了，子不語怪力亂神，絕非鄙夷之詞，而是揄揚之語。人家有品味，有現代的尖端知識，是「智人」，而且來來往往交遊的都是社會科學研究院裡公開、公正、誠實的「正人君子」，這是另個世界的「孟母三遷」。

不要再說人家「鬼話連篇」，這是嚴重的「種族歧視」；何況鬼話說多了，量變造成質變，鬼話也要成爲人話，再多說點，便是「智人話」，從此臺大的百年學術根基，更是堅實，誰能撼動！

Be serious，臺大眞的鬧鬼了！絕對是件好事：可別千萬把涉嫌染疫的「幽浮」們匡列，或者施行7＋0，或是3＋4的對策，甚至「封城」，一了百了把社會科學院封掉了。那麼，這些以上意爲依歸的研究學者、講座教授們怎麼辦？此事萬萬不可——蘇院長、管校長您們同意吧！

62. 柯文哲起風了！

新近臺灣政局的發展，最令人注目的，莫如一度「最強母雞」的侯友宜，今日落末到繼續屈居小三，欲振乏力，甚至有「萬年小三」之稱！

此時最得意的，莫過於柯文哲，雄姿英發，笑遍不久前說他是「成事不足、敗事有餘」國民黨中央的「土豪劣紳」。柯郎現在是坐二望一，國民黨說說看，你們要怎麼辦？

柯文哲的竄起，對國民黨的威脅最爲嚴重，直可稱之爲「腹心之疾」：國民黨要「和中」，柯要「兩岸一家親」、「命運共同體」；國民黨要「九二共識」，柯要「九六共識」。

據柯文哲說，九六年總統直選，建立了臺灣的「主體意識」。他卻不敢觸及最根本最艱難的問題：臺灣要是沒有「主權」，如何保衛「主體意識」：兩岸和平？聯合政府？沒有「主權」，他的「九六意識」只是舊瓶裝新酒，廣告新名詞。

國民黨會不會因柯的竄起而崩盤，大概未必。國民黨在此新的政治攻勢威脅下，會不會害怕？柯某完全依國民黨之法畫葫蘆，豎子若成其謀，國民黨誰不背脊發涼，心驚膽跳？

創造新名詞，即使一時風行，卻無法了解事情的原質，於事無補。國民黨的九二共識，要的是「中國意識」。柯某人所說「兩岸和平」、「聯合政府」的臺灣主體意識，或許中共會對其中「聯合政府」感興趣。他們會問柯某人，你說的「聯合政府」是不是指「政治協商會議」模式，或是有個可以過渡到「政治協商會議」的機制，先在臺灣仿造、實習，再擴及兩岸？

當然柯某人的聯合政府不會是「中華民國」民國初年的國會政黨政治，包容聯合各黨各派：老國民黨人（宋教仁、黃興等）、北洋官僚、交通系、研究系、政學系、憲政商榷會、客廬派、丙辰俱樂部、韜園派……。這點你我大概都相信中共和柯某人一定反對，這不就是「新自由主義」了嗎？柯某、中南海，有志一同，會英雄所見略同！

臺灣沒有「主權」就不會有「主體意識」，因爲沒有「主權」，「主體意識」很難生存。

要有「主權」就要有實力保衛自己，結交盟國，遂行「集體防衛」。這是易懂而顚撲不破的道理。許多人看不懂會有那麼多政客可以「言僞而辯」，以爲創立新名詞，自然的事實就會跟著來。國民黨要先責怪自己：柯某人只是依樣畫葫蘆，學習國民黨，青出於藍而勝於藍——柯文哲起風了！國民黨能說人家「以紫亂朱」嗎？

NOTE

NOTE

NOTE

NOTE

國家圖書館出版品預行編目資料

柯文哲為什麼背骨？／胡嚴著. --初版.--臺中市：白象文化事業有限公司，2023.10
面； 公分
ISBN 978-626-364-097-9（平裝）
1.CST：臺灣政治 2.CST：時事評論
3.CST：言論集
574.33 112012100

新公民議會叢書．第二冊

柯文哲為什麼背骨？

作　　者　胡嚴
校　　對　胡嚴、林金郎
編　　輯　林瓊媛
發 行 人　張輝潭
出版發行　白象文化事業有限公司
412台中市大里區科技路1號8樓之2（台中軟體園區）
出版專線：（04）2496-5995　傳真：（04）2496-9901
401台中市東區和平街228巷44號（經銷部）
購書專線：（04）2220-8589　傳真：（04）2220-8505
專案主編　黃麗穎
出版編印　林榮威、陳逸儒、黃麗穎、水邊、陳媁婷、李婕
設計創意　張禮南、何佳諠
經紀企劃　張輝潭、徐錦淳
經銷推廣　李莉吟、莊博亞、劉育姍、林政泓
行銷宣傳　黃姿虹、沈若瑜
營運管理　林金郎、曾千熏
印　　刷　百通科技股份有限公司
初版一刷　2023年10月
定　　價　400元